Thierry Paquot

POÉSIES URBAINES

DE BAUDELAIRE À GRAND CORPS MALADE

ETEROTOPIA FRANCE
rhizome

ASSOCIATION CULTURELLE ETEROTOPIA FRANCE
9, rue du Docteur Paul Brousse
75017 - Paris (France)
E-mail: **rhizome@eterotopiafrance.com**
www.eterotopiafrance.com

ISBN: 979-10-93250-54-0

Diffusion et distribution : DIFFUSION CEDIF POLLEN DISTRIBUTION

www.eterotopiafrance.com

SOMMAIRE

Ouverture : La ville muse 5

Scène un : Poèmes à la gloire des machines 19

Scène deux : La modernité urbaine poétisée 37

Scène trois : Villes tentaculaires et unanimisme 55

Entracte : Les rues soliloquent 77

Scène quatre : Rap et slam des quartiers 83

Final : Les villes gorgées de mots 109

Promenade bibliographique 113

Ouverture
La ville muse

LA VILLE MUSE

Il y a des mots que nous mémorisons sans aucun effort. Des tournures de phrases, des ritournelles, des refrains, entendus une fois et qui ne nous quittent plus. Nous les chantonnons n'importe où, en pédalant, en marchant, somnelant, se douchant... Ils appartiennent à notre univers sonore. Ce sont généralement des poèmes et des chansons urbaines. Qui ne connait pas au moins un chant à la gloire de Paris ? Il y a toute une discographie spécialisée, avec des voix gouailleuses et d'autres tendres, des musiques douces et d'autres aux accents révolutionnaires ! Il y en a pour tous les goûts, des romances et des interpellations, des connivences et des déceptions, des confidences nostalgiques ou anticipatrices, bref, la diversité de la capitale se retrouve magnifiée par des textes bien rimés. Faites le test autour de vous en demandant à n'importe qui de vous citer une chanson dédiée à Paris, immédiatement, vous entendrez susurré : « J'ai deux amours » que chante Joséphine Baker, « Il est cinq heure Paris s'éveille » interprété par Jacques Dutronc, « Dans la salle du Bar Tabac de la rue des Martyrs » du groupe Pigalle, « Pam Pan Nan » rappé par Oxmo Puccino, « Paris » par Rohff, sans oublier d'autres paroles signées Abis, Kohndo, La Cliqua... Il en va de même pour d'autres villes et cela se vérifie sur tous les continents. *Celebrity Cruises* a rencensé, sur son site, les chansons anglo-saxonnes, depuis les années 1960, où des villes étaient amoureusement mises en mots et en notes. L'enquête mentionne 897 artistes, 422 lieux différents pour 2 000 chansons. C'est New York qui arrive en tête de ce *Hit-Parade*, avec 161 chansons, suivi par Londres (102), Los Angeles (87), viennent ensuite Memphis, San Francisco, Miami, Detroit...

La chanson française n'est pas en reste, Barbara chante Nantes, Göttingen, Marienbad, Vienne, Paris, alors que Brel portraitise Knocke-le-Zoute, Liège, Bruxelles, Amsterdam et Vesoul ! Bernard Lavilliers glorifie Saint-Étienne (sa ville natale), Charleroi, Fortaleza, Paris (« Pigalle-La Blanche »), San Salvador, New York (« Traffic »)... Claude Nougaro aubade Toulouse, Pierre Bachelet évoque Étretat, Jean-Louis Murat se focalise sur « La pharmacienne d'Yvetot », Laurent Voulzy se souvient de « Belle-Île en mer » tandis que Renaud fait danser « Le tango de Massy-Palaiseau » et qu'Yves Montand rassemble les plus belles chansons « parisiennes »... Le rock intègre aussi la ville, comme le groupe Mano Negra, en 1988, avec « Ronde de nuit » :

« Au coeur de la ville endormie
Reposent des millions d'gens soumis
Personne d'autre pour hurler la nuit
Que l'vieux clochard sous l'pont Marie
Dans les rues y'a plus qu'des matons
Tous les Apaches sont en prison
Tout est si calme qu'ca sent l'pourri
PARIS VA CREVER D'ENNUI!
L'baron qui règne à la mairie
Veut qu'tout l'monde aille au lit
Sans bruits
Les lits qui grincent sont interdits
D'ronfler c'est toléré merci!
Allons enfants de la patrie
Contre nous de la TYRANNIE
Dont nous abreuve ce bouffon !
Elu par de sinistres cons »

Les rappeurs ne sont pas en reste, comme nos oreilles le confirment ! Ainsi, Seth Gueko, de son vrai nom Nicolas Salvadori, né en 1980 à Pontoise, qui rappe le « Titi Parisien » dont voici le refrain :

« Ça c'est du rap de titi parisien
Avec un shlass dans la poche comme un Tunisien
La vie c'est dangereux, on en meurt tous à la fin
Cousin, rapper vite ça veut pas dire rapper bien
Parisien à tête de chien
Ouais mais Parigo, bête de flow
PSG sur l'mailot comme "Paris-Seth-Gueko" »

Solide gaillard tatoué y compris sur le visage il n'est pas lésineux sur le grand banditisme qui l'inspire dans sa pratique de la violence et son attaque des keufs. Il est vrai qu'il a été quelques mois en prison, en 2010, à la suite de « violences volontaires aggravées » sur une jeune femme...

Il n'est pas étonnant que les paroliers s'inspirent des lieux où ils résident et vivent et qui constituent la matière première de leurs chansons. Je me souviens, j'avais vingt ans, dans un bar de Morlaix, avoir entendu une voix exceptionnelle, rocailleuse, chantant des poèmes d'une incroyable beauté :

« J'te prenais par le bras et nous descendions la rue mauve
J'te prenais par le bras et nous descendions la rue mauve
Ô prends le poison qui t'ai dû,
Chien de cendre, chien de cendre
Prends le poison qui t'ai dû, chien de cendre
D'homme vêtu
(...)
L'ombre épaisse des terrestres s'est gainée de nacre rose
L'ombre épaisse des terrestres s'est gainée de nacre rose
Et tu as peur que leurs coquilles
Corallines affûtées
Fendent la chair des bouches et
Tu me donnes des baisers (...) »

C'était comme du *blues*... cette voix donnait la chair de poule...

« Elle est passée par la rue Haute d'abord
Elle est passée par la rue Haute d'abord
Et un nuage s'est crevé et un nuage a pleuré très fort

C'est tout dont on se souvienne encore
C'est tout dont on se souvienne encore
Traînait avide dans la rue comme une bulle bleue perdue dehors

A dû atteindre les lumières du port
A dû atteindre les lumières du port
Un nuage s'est déroulé comme une femme apaisée qui dort (...) »

Cette autrice-compositrice-interprète est Annkrist, l'on vient, enfin, de rééditer ses disques en CD, je le écoute en boucle, non sans émotion :

« Par ici c'est la nuit
La nuit tout est permis
Y compris qu'elle installe dans les draps de son lit
Sur le fond d'ta mémoire

Y compris que les oiseaux des hautes volières
Étouffent dans des sueurs de mains meurtrières
Qui les caressent un soir
Je rêve, je rêve
Mon rêve, mon rêve (...) »

Est-ce Brest ? Ou une autre ville de Bretagne ou du monde ? Peu importe, la poésie urbaine circule de port en port... Comme toute la Terre est dorénavant urbanisée, il va de soi que les villes et l'urbain généralisé, se retrouvent dans leurs cantilènes. Cette urbanisation, encore à l'œuvre en Afrique, débute avec le productivisme, à la fin du XVIIIe siècle. Durant plus de deux siècles, les villes accueillent des migrants qui y débarquent avec leur folklore musical et s'enthousiasment pour la grande ville qu'ils découvrent, parfois avec appréhension, plus souvent avec délectation. Tout leur parait alors possible. La déception viendra plus tard et revêtira la parure de la nostalgie... La réussite économique comblera d'autres provinciaux montés à la capitale, ils se souviendront de la bohème ou de la vache enragée de leur jeunesse tout en autovénérant leur ascension sociale. À chaque fois, quelque soit le destin vécu, ils trouveront les mots pour le qualifier, le raconter, la musicaliser. La grande ville attire, trie, rejette ou consacre cette population composite qui vient à elle avec l'espoir d'y faire sa place ! C'est une terrible loterie, lourde de déceptions, de frustrations, de malédictions. Ces parcours cabossés, ces réussites soudaines, ces peurs et ces plaisirs sont poétisés, fictionnés, cinématographiés, bédéisés, rappés, slamés...

L'association Les « Métisseurs des mots », fondée en 2012, par des chercheurs de l'université Lyon 2, pour diffuser la traduction de textes littéraires, expose sur son site le projet « Poésie urbaine », qui consiste à traduire de l'anglais, arabe, espagnol, italien, des poèmes et de les rendre accessibles à tous. Ils sont imprimés sur des affiches ou reproduits sur des marque-pages. Comme celui-ci, de John Gould Fletcher, *In my City of Night,* traduit par Aurélie Veluire :

« Ville de minuit, ville que la pleine lune inonde, ville où les chats
Vagabondent, où les camions-poubelle portes closes cahotent dans la pénombre ;
Ville de minuit,

Drape-moi de ton ombre.
Ville de l'aube, arrosée de fraîcheur, ville où le bout des toits
Brise les étoiles, ville ouvrant avec pitié,
Ses grand portails fatigués
Ville de minuit
Drape-moi dans ton ombre (...) »

Ou ce poème en prose, *Impresiones Urbanas*, de Lucas Bols, traduit par Marlène Landon :

« À la recherche d'humanité sur les quais de la Seine, à Notre-Dame, au Pont de l'Alma, sur le Grand Boulevard. Axes tentaculaires où convergent les extrémités de la course sociale. Avant-garde de la high-tech parée de noir, des visages de marbre entrent et sortent de sinistres totems de verre et de ciment, bâtiments martiaux qui transforment le ciel en innombrables précipices. La pression au travail les vampirise ; captivés par leur écran, ils marchent sans voir les morts sans sépulture disséminés sur les trottoirs, d'où s'élèvent, comme des squelettes d'oiseaux, les mains ouvertes des Sans Domicile Fixe, des mains nues d'insondables sépulcres qui demandent une petite pièce, un regard, miséricorde, ou n'importe quoi en signe de Vie avant de sombrer prématurément dans l'océan social des naufragés. (...) »

Ce projet advient après une rencontre à Varsovie, *Poems in the City* en 2017, où le 1er avril, 27 000 poèmes étaient lisibles dans des bars, des librairies, des clubs, sur les murs de la ville, rédigés par 17 poètes européens originaires de Finlande, Allemagne, Italie, Irlande, Danemark, Roumanie... Opération reprise depuis chaque année, avec succès.

À Paris, la Régie Autonome des Transports Parisiens (RATP) organise un concours annuel de poésie, dont les lauréats sont publiés dans les rames du métropolitain, il y a trois prix, selon l'âge (adulte, jeune et enfant), pour la 9e édition, en 2023, 11 500 poèmes ont été reçus et examinés par un jury présidé par la chanteuse, autrice et pianiste, Jeanne Cherhal. Le passager oisif regarde partout et nulle part dans le wagon et son regard s'attarde sur un ou deux verts imprimés sur une affichette et lit :

« Je te corresponds / Tu me corresponds / Nous correspondons / Couloirs de Châtelet / Perdu mon billet / Le procès-verbal / PV nominal / Moi, contestation, / Nous correspondons. »

(Michelle Serignan)

D'autres concours existent pour stimuler la poésie, textes courts, *haïkus*, sonnets, mots griffonés sur un ticket de métro ou pianoté sur un clavier, murmurés dans la cohue des voyageurs ou déclamé dans la rue, en rentrant chez soi... Florence Trocmé créé en 2004 le site *Poezibao* (Grand Prix de l'Académie française, en 2022) qui deviendra *Peosiebao* en 2023, avec des poèmes par milliers et des articles sur l'actualité éditoriale dédiée à la poésie. Le nom du site dérive directement du fameux dazibao (« journal à grand caractère »), cette affiche que tout citoyen peut rédiger afin de dénoncer les « traitres » durant la Révolution culturelle chinoise, non sans excès et manipulations... Le Marché de la Poésie, chaque fin de printemps devant l'église Saint-Sulpice à Paris, rassemble la fine fleur de la poésie, des apprentis-poètes côtoient des autrices et auteurs confirmés. Des poètes du monde entier sont là pour honorer les mots. Éditeurs et animateurs de revues de poésie présentent leurs nouveautés, qui reflètent une incontestable créativité. C'est souvent la ténacité qui sert de moteur à cette activité éditoriale, peu rentable...

La poésie court les rues. Quel passant n'improvise pas un poème, l'oublie à peine l'a-t-il mastiqué... Est-ce la ville qui facilite la création plus ou moins spontanée d'un quatrain ? Des églogues venaient aux lèvres des bergers, des paysans adoptaient un style bucolique pour décrire leurs sentiments face aux merveilles de la nature ou pour complimenter une bergère pour sa beauté. Il n'y a pas de conditionnement définitif imposé par les lieux, une sorte de déterminisme géographique, non, les vers viennent à nos lèvres sans prévenir, ils sont relativement indépendants d'une localisation, ils peuvent aussi bien s'enraciner dans une mémoire lointaine, tels les échos portés d'une émotion oubliée qui les réanime ou les invite à renaître, que s'énoncer de manière inattendue, impromptue.

La poésie ne se construit pas, elle coule de source... Elle vient à nous. Pour se formuler, elle naît d'un endroit, d'une maison, d'une rue, d'un horizon, d'une ombre sur un mur, d'un sourire entrevu, d'un rire entendu

– que sais-je encore ? – afin de se déployer sereinement et hardiment. Dans ce cas, le poèmc situé dans un contexte urbain fictionne une émotion qui nait, non pas du lieu en question, mais du souvenir que ce lieu abrite, encourage, mémorise. J'y retrouve *l'art de la mémoire* initié par Simonide de Céos. Je me souviens d'un lieu et alors arrive en vrac des dates, des visages, des sensations ! C'est un procédé mnémotechnique. Cicéron l'apprécie et confirme que : « Les lieux sont les tablettes de cire sur lesquelles on écrit ; les images sont les lettres qu'on y trace. » Ainsi, s'emmagasinent des souvenirs qui perlent à notre mémoire, comme une larme à notre œil.

Aussi, les poètes et les chanteurs, en convoquant une ville, retrouvent un amour perdu ou un moment de leur passé, tant apprécié ou craint... Ce n'est donc pas nécessairement telle ville qu'ils célèbrent, mais ce qu'elle représente pour eux, dans leur propre histoire. Ils ne décrivent pas un quartier ou une rue, avec la précision de l'entomologiste, mais une ambiance affective, sentimentale, qui leur est irrémédiablement associée. « Nantes, je n'y étais jamais venue » confie Barbara, pourtant c'est bien de Nantes qu'il s'agit, d'une ville inconnue qui déclenche un souvenir, dont l'émotion submerge l'interprète et son auditoire. Baudelaire ne s'attache pas à la représentation réaliste d'une rue parisienne, mais à une situation qui ne peut se dérouler que là, comme dans *Les sept vieillards* ou *À une passante*. Il en est de même pour de nombreux raps et slams...

La ville « moderne » se configure avec l'industrialisation et les progrès techniques, du moins, c'est ainsi que de nombreux poètes en témoignent. La ville « moderne » est même considérée comme « La » manifestation de la société industrielle, mécanique, rationnelle, fonctionnelle. Nombreux sont alors les littérateurs qui souhaitent lui déclarer leur flamme, à elle et à ce qu'elle représente, l'énergie, le rythme, le dynamisme... Plus tard, d'autres viendront, lui restituer sa part de mystère, ses secrets, son « esprit » et la délivreront de l'emprise de l'économie, des échanges planétaires, de la consommation de marchandises et de services, des transports incessants qui déversent leurs cargaisons de migrants, de biens, de rêves, pour retrouver ce qui est en le fondement, la cohabitation d'individus en une communauté urbaine. Je dois alors effectuer deux petits détours, l'un pour mieux saisir ce qu'on appelle « modernité » en ce milieu du XIXe siècle et l'autre pour comprendre pourquoi des créateurs, et non des moindres, se sont enthousiasmer pour la machine, ses engrenages si bien ajustés, et la vitesse qu'elle semble toujours vouloir dépasser, sans toutefois inventer une poésie à sa hauteur... Mais peut-on « progresser » en art ? Et si la poésie n'avait que faire du numérique, des algorithmes, de l'I.A. et du ChatGPT (*Generative Pre-trained Transformer*, soit « transformateur génératif pré-entraîné »), et qu'elle réclame son pesant d'affects, d'émotions, de sensations pour se renouveler et nous *toucher* ?

Ce trop bref essai s'attache à croiser poésie et ville, persuadé que les deux sont intimement liés, complices d'une même culture, qui nait, peut-être avec Balzac (incorrigible flâneur), plus sûrement avec Baudelaire (qui repère le surnaturel dans le naturel), et qui nous enchante encore, même si leur ville et leur écriture, ne correspondent plus ni à l'urbain actuel ni à la prose hâchée et cadencée des rappeurs. Je vous convie, ici, à un petit voyage littéraire de deux siècles, ponctué de rencontres avec des poètes (Baudelaire, Jules Romains, Apollinaire, Réda...) et des rappeuses et rappeurs, des slameuses et slameurs, qui toutes et tous interpellent la ville, en révèlent ses violences et ses ségrégations et lui déclarent leur amour, la congratulent pour ses surprenantes qualités, les magnifient avec des mots tendres... Je privilégie la littérature française et francophone, avec regret, car j'apprécie aussi cette poésie urbaine qui circule dans les recueils de Pablo Neruda, Nazim Hikmet, Mohammed Darwich, Miguel-Angel Asturias, Vladimir Maïkowski, Fernando Pessoa, Antonio Machado, Pier Paolo Pasolini, Elena Schwarz, Anne Sexton, Joanne Kyger ou encore Denise Levertov...

Toute une culture urbaine s'élabore à partir de la poésie et de la chanson qui ne peut laisser indifférent quiconque s'intéresse à *l'urbanisation des mœurs* qui conquiert l'esprit de tous les Terriens. En effet, *l'urbanisation des mœurs* se déploie partout et touche aussi bien un migrant fraîchement arrivé en ville, qu'un paysan malien, un éleveur argentin, un camionneur indien, une couturière de Yaoundé, une prostituée de Bangkok, une enseignante de Tananarive... Elle est diffusée par les manuels scolaires, les récits des immigré-e-s, le contact avec les touristes, les reportages télévisuels, les informations réseautées et aussi, bien évidemment, par la consommation. Les achats en ligne, les centres commerciaux, les boutiques, les publicités, homogénéisent les tenues vestimentaires, les modes alimentaires, les coiffures, les langues, les comportements, les valeurs...

La chanson et la poésie peuvent alors en accompagner la généralisation ou en contester l'hégémonie. La société de consommation qui nivelle tout partout et marchandise aussi bien une voiture, une bière, un sac, que des sentiments, n'hésite pas à s'inféoder la création qu'elle standardise à son profit... Les « clichés » pullulent pour uniformiser ce qu'il nous faudrait ressentir ! Heureusement, la contestation s'entend aussi dans ces textes qui appellent à l'émancipation. La colère noue les notes entre elles et assurent aux mots une résonnance libératrice. Certaines chansons deviennent des hymnes politiques au-delà des idéologies et des rappeurs et rappeuses, slameurs et slameuses, improvisent pour dénoncer tous les abus de tous les pouvoirs (politiques, économiques, religieux, culturels, sexuels,...) et affranchir chacune et chacun des terribles contrôles dont ils sont victimes, des discriminations qui les enferment, des violences réelles ou symboliques qui les blessent sans cesse et les traumatisent à jamais. Entendre ces paroles revient à saisir un résumé des maux qui affectent la société. Depuis peu l'écologie s'invite au détour d'un phrasé, dans le creux d'une réplique, mais toujours ancrée dans une saynète existentielle que la slameuse ou le slameur articule comme une harangue pour sensibiliser le public. Ce dialogue entre le parolier et son auditoire n'est pas nouveau, c'est ce que ce bref historique rappelle...

Cet essai objectivement subjectif ne prétend aucunement à l'exhaustivité, il se contente de donner à lire des textes que j'apprécie et il est loisible de le compléter. Un lecteur regrettera, avec raison, l'absence de tel poète dans cette anthologie désordonnée. Si je commence par Baudelaire, indépendamment de mon plaisir à le lire et à le dire c'est par souci de simplification, en effet, le monde académique l'associe à la notion même de « poésie urbaine », alors qu'il ne la revendique aucunement. Arthur Rimbaud (« Et à l'aurore, armés d'une ardente patience,/nous entrerons aux splendides villes », *Une saison en enfer*) et Paul Verlaine ont aussi écrit, magnifiquement, sur les villes qu'ils ont traversé ou dans lesquelles ils ont vécu, pourtant je ne les intègre pas ici. De même Paul Claudel et que dire de Pierre Reverdy (« La rue est grande et triste comme un boulevard ») ? De Valéry Larbaud (« Des villes, et encore des villes/J'ai des souvenirs de villes comme on a des souvenirs d'amours ») ? De Jacques Prévert ? De Raymond Queneau ? De Guillevic (« Voyons la ville/s'auréoler d'usure. ») ? De Philippe Jacottet (« La nuit est une grand cité endormie où le vent souffle... ») Et de quantité d'autres femmes et hommes qui, de fait dans leurs poèmes accordent à la ville (*leur* ville ou *La* ville ?) une place de choix. Ce choix ne privilégie pas, non plus, mes poètes préférés, sinon j'y aurais casé, par exemple, Aimé Césaire, Saint-John Perse, Vénus Khoury-Ghata et Léo Ferré...

La poésie et la chanson témoignent donc du productivisme qui s'installe durablement sur la planète dès le tournant des XVIIIe et XIXe siècles. Ce productivisme génère deux processus, l'industrialisation et l'urbanisation, dont il se nourrit aussi. C'est dire si ces processus se transforment au fil du temps en modifiant le contexte dans lequel ils agissent et interagissent. Certains auteurs s'en font les porte-paroles, d'autres rechignent à le flatter et dévoile au contraire ses excès, ses imperfections, ses contradictions. Les premiers représentent l'académinisme, les seconds la subversion et la contestation. Les deux participent de la même culture. Les artistes ne sont pas sommés de choisir, certains se contentent de créer leur œuvre, indépendamment de leurs conditions de réalisation, du moins le croient-ils. L'artiste partisan du Progrès, gros d'aliénation, ne s'imagine pas en propagandiste d'une idéologie qui se retourne contre lui. Il est ébloui par la gratuité des bienfaits de la machine. L'autre, celui qui doute d'une telle générosité et attend le retour du bâton, ne se vit pas nécessairement comme révolutionnaire. Baudelaire, lors de la révolution de 1848, va sur les barricades et réclame la mort de son beau-père détesté, Jacques Aupick, qui a réprimé les canuts en 1834 à Lyon et s'apprête à devenir ambassadeur à Constantinople. Cela n'a rien de politique... Heureusement, c'est aussi cette année-là que Baudelaire publie sa première traduction de Poe. Les artistes s'engagent dit-on. On connait la liste de celles et ceux qui vont à la fête de *L'Humanité*, sont-ils pour autant des « communistes » ? Lire les poèmes des rappeurs et des slameurs indiquent certainement des orientations politiques et philosophiques mais, ici, je les comprends comme des témoignages contrastés et provisoires d'une époque, sachant qu'au fond, chaque texte concerne avant tout son auteur, ses blessures, ses révoltes, ses amours... Bien sûr, ces textes révèlent parfois des attitudes détestables, comme l'homophobie, le racisme, l'antisémitisme, le sexisme, alors il nous faudra comprendre pourquoi les auteurs sont adulés par une partie de la population qui les écoute sans les condamner ?

Mon intention, ici, vise à établir des *parentés d'inspiration* entre des auteur-e-s qui, pour la plupart, s'ignorent les uns les autres, et dont la ville représente une incontestable source d'émotions. Poésies, chansons, textes de rap et de slam, tous sont parlés, dits, articulés, criés, murmurés, affirmés, chantés, la musicalité des mots redouble celles des basses qui viennent rythmer les formules ciselées et gorgées de sens. La provocation est la règle, certains rappeurs, sans le savoir, ressuscitent les « futuristes » avec leurs excès langagiers, leurs appels à la violence, leur sexisme banalisé, leurs insultes ciblées, tout cela cohabite depuis des lustres. Des concours oraux de poésies départagent les poètes au début du XXe siècle. Cendrars ou Apollinaire lisent publiquement leurs textes. Le 7 octobre 1955, introduit par Kenneth Rexroth, Allen Ginsberg lit *Howl* à la Six Gallery de San Francisco, avant de laisser la place à Gary Snyder, Philip Whalen, Michaël McClure... Une petite centaine de personnes y assistent, dont Jack Kerouac qui refuse de monter sur scène. Jean-Jacques Lebel, qui popularise le *happening*, introduit en France ces lectures publiques de ce qu'il appelle la « poésie directe ». Le mot « beat » est un terme du vocabulaire du jazz, *to beat* c'est « battre » le rythme, on le retrouve dans l'expression *Beat Generation*, la génération « battue », « vaincue », « exténuée »... Jack Kerouac l'utilise, dès 1948, pour désigner la petite communauté autour du romancier John Clellon Holmes, qui lui-même s'en sert dans un article du *New York Times* (16 novembre 1952), avant de publier, en 1958, « The Philosophy of the Beat Generation ». Kerouac assimile *beat* à « béat » et à la béatitude en rappelant ses origines françaises... La lecture à haute voix appartient aux interventions des poètes hommes et femmes qu'on intègre sous l'étiquette de *Beat Generation*, comme Anne Waldan, dont les « performances poétiques » avec Ted Berrigan constituent un incroyable précédent au slam. Tout comme Ruth Weiss qui récite ses poèmes au son du jazz...

L'oralité du slam renoue avec celle des rapsodes homériques et des improvisations des troubadours. Peut-être que ces rapprochements apparaîtront anachroniques ou tirés par les cheveux ? Cela n'est pas bien grave, l'essentiel est de collecter les mots de quelques auteurs, de proposer une sorte d'*anthologie*, hellénisme de la Renaissance, du grec *anthologia*, soit « collection de fleurs », qui en latin se dit *florilegium*, « florilège ». On prétend que c'est Méléagre de Gadara, en Syrie, qui composa la première anthologie grecque sous le titre de *Guirlande* (en grec, *stephanos*) où il associe chaque poète à une fleur, Anyte au lis, Sapho à la rose, etc. Je ne me risquerais pas à un tel agencement. Je préfère rassembler des vers en une anthologie décousue, amicale en quelque sorte, où les poèmes reproduits sont à me yeux et à mes oreilles des présents que j'offre, pour reprendre les mots de Baudelaire, à tout lecteur, mon frère, à toute lectrice, ma sœur...

Scène 1

Poèmes à la gloire des machines

POÈMES
À LA GLOIRE DES MACHINES

En Occident, dès la fin du XVIIIe siècle, les « progrès » techniques s'entassent au portillon... Les inventions se démultiplient, on ne sait plus où donner de la clé à molette ! La machine à vapeur, le métier à tisser automatisée, les rivets, les engrenages, les monte-charges, les wagonnets sur des rails en bois, se précipitent dans les manufactures et les mines. Les cheminées recrachent des fumées toxiques. Les moulins déversent leurs eaux usées dans les rivières, provoquant la mort de milliers de poissons. Les industriels s'efforcent d'expliquer que chaque investissement génère des emplois et aussi des profits, tandis que les enfants triment dans des ateliers insalubres et que les femmes toussent dans des pièces sans fenêtre. Un crachat de sang teint le mouchoir, la mort veille, le capital mord le vivant avec l'obstination perverse d'un Dracula. Devant la liste impressionnante des découvertes techniques qui accroissent la productivité sans pour autant réduire la pénibilité, le capitaliste se trouve émerveillé et convaincu que la vie vaut d'être vécue. Tandis que les plus démunis, épuisés par les gestes répétitifs à accomplir se persuadent que la vie ne leur apporte rien de bienveillant et que mourir, finalement, pourrait avoir son charme. Certains d'entre eux vont se battre, c'est de là que le syndicalisme se dresse, que les réformateurs élaborent leurs programmes politiques et que les révolutionnaires rêvent que leurs rêves se réalisent... Pourtant rien n'est jamais acquis. Ni simple. Des grèves peuvent déboucher sur une amélioration de la condition de travail, tout autant que vivement réprimées et fassent reculer les situations de chacune et chacun de dix mille ans...

Nous sommes alors à une période charnière, dominée par l'incroyable accumulation de découvertes machiniques qui transforment aussi bien le corps des travailleurs que les manières de penser et de vivre et tous les paysages, au point où aucun peintre ne les reconnaît quelques années après ! Pendant ce temps la poésie se demande ce qu'elle peut faire. L'Académie française lance, en 1845, un concours de poésie sur « La découverte de la vapeur », dont les résultats seront publiés lors de l'Exposition universelle de 1855. Contester les nouveaux mécanismes qui nous ensorcèlent ? Ou bien les encenser comme des bienfaits ? Abandonner le clair de lune et la beauté des nuits éclairées par quelques étoiles, pour chanter l'incroyable efficacité des roues dentées articulées les unes aux autres en une mélodie parfaite, sans aucun à-coup ? Il y a des poètes, et non des moindres, qui s'enfièvrent pour les mâchoires d'acier qui transforment la matière, pour le pyroscaphe, le télégraphe, la turbine, le câble, la chaudière, l'électricité, le laminoir, le piston... Lesquels ? J'emprunte les exemples suivants au précieux travail de Elliott Mansfield Grant, *French Poetry and Modern Industry*. Il fait état d'une poétesse au prénom masculin, Amable Tastu (1795-1885) qui en 1823 publie « La France et l'Industrie », mais il s'agit non pas de « l'industrie », entendue comme le monde enfiévré des usines aux torchères illuminant le jour, mais de l'activité industrieuse. Il faut attendre Jean-Jacques Ampère (1800-1864), futur professeur au Collège de France en littérature étrangère, pour lier « machine » et « poésie ». Il rédige « La Flotte » en 1830, où l'on peut lire ces vers grandiloquents et creux :

« ...par la vapeur une nef animée
Avec son noir panache, ondoyante fumée,
À travers les vaisseaux, va, vient, sans soin du vent,
Et parait se mouvoir comme un être vivant. »

Alfred de Vigny qui n'est pas en reste écrit dans « Paris », en 1831 :

« Or ou plomb, tout métal, tout métal est plongé dans la braise,
Et jeté pour refondre en l'ardente fournaise.
Tout brûle, craque, fume et coule ; tout cela
Se tord, s'unit, se fend, tombe là, sort de là ;
Cela siffle et murmure ou gémit ; cela crie,
Cela chante, cela sonne, se parle et prie ;
Cela reluit, cela flambe et glisse dans l'air,
Éclate en pluie ardente ou serpente en éclair ;
Œuvre, ouvriers, tout brûle ; au feu tout se féconde.
...
– Je ne sais si c'est mal, tout cela ; mais c'est beau !
Mais c'est grand ! mais on sent jusqu'au fond de son âme
Qu'un monde tout nouveau se forge à cette flamme. »

Désiré Nisard (1806-1888), qui fut député « centriste » et thuriféraire de Napoléon III, commit dans sa jeunesse un roman, *Le Convoi de la laitière*, devenu introuvable, et attaqua le romantisme : « À cette heure, affirme-t-il, en 1833, toute poésie est sur la proue des bateaux à vapeur ou sur les rails des chemins de fer. » Quelques années plus tard, Victor Hugo, en 1837, confie : « Je suis réconcilié avec les chemins de fer ; c'est décidément très beau... Il faut beaucoup d'efforts pour ne pas se figurer que le cheval de fer est une bête véritable. On l'entend souffler au repos, se lamenter au départ, japper en route... d'énormes raquettes d'étincelles jaillissent à tout moment de ses roues ou de ses pieds, comme tu voudras ; et son haleine s'en va sur vos têtes en beaux nuages de fumée blanche qui se déchirent aux arbres de la route. » Théophile Gautier, pourtant théoricien de « l'art pour l'art » avec sa fameuse préface à son roman épistolaire, *Mademoiselle de Maupin*, publié en 1835, ne tarde pas à mettre de l'eau dans son vin et à apprécier l'Exposition universelle de Londres de 1851, où « les bobines tournaient comme des danseuses ivres, disparaissant dans l'éblouissement de leur rapidité. Les pistons levaient et laissaient retomber leurs moignons avec un han plaintif, comme des bûcherons fendant un tronc de chêne... tous ces esclaves métalliques et plutoniens inventés par le génie de l'homme travaillaient à qui mieux mieux sur notre passage. » Auguste Barbier (1805-1882) est émerveillé par l'incroyable régularité de la machine, sa puissance, mais inquiet pour les travailleurs, si fragiles à côté d'elle qui risque si aisément de les broyer :

« Et le bruit de métiers de plus fort recommence,
Et chaque lourd piston dans la chaudière immense,
Comme les deux talons d'un fort géant qui danse,
S'enfonce et se relève avec un sourd fracas.
Les leviers ébranlés entrechoquent leurs bras,
Les rouets étourdis, les bobines actives,
Lancent leurs cris aigus, et les clameurs plaintives
Les humaines chansons, plus cuisantes, plus vives,
Se perdent au milieu de ce sombre chaos,
Comme un cri de détresse au vaste sein des flots. »

Une telle description technique est moquée par le critique Gustave Planche qui n'y voit aucune poésie... Voici un reproche récurrent qui sera formulé à l'endroit des poètes « industrialistes », ils sont finalement plus attentifs au fonctionnement des machines qu'à l'émotion qu'elles devraient provoquer si l'on pense qu'elles le peuvent... Elliott Mansfield Grant collecte de nombreux poèmes d'auteurs à présent oubliés, tels Porchat (1842), Antony Deschamps (qui compose *Le Travail et la vapeur*, 1841), Paul Juillerat (1842), Savinien Lapointe (« Le Travail » dans son recueil, *Une voix d'en-bas*, 1844), Auguste Barthélemy (« La Vapeur », 1845), Jean Tisseur (« La Locomotive », 1848), etc.

Derrière ces engouements poétiques pour les machines, c'est en fait un hymne au « Progrès » qu'il faut entendre. Savinien Lapointe (1812-1893), cordonnier, poète ami de Béranger est soutenu par Eugène Sue, qui préface un de ses recueils, explique :

« Savez-vous ce que dit au monde,
Cette fumée en s'envolant,
La locomotive, en roulant,
Sur la terre toujours féconde ?

Tout cela dit : Fraternité !
Peuples, confondez vos langages,
Monde, rapproche tes rivages ;
La vapeur, c'est l'humanité ! »

Louis Festeau (1793-1869), goguettier et parolier, n'est pas en reste, comme le montrent ces quelques vers de 1840 :

« Gloire aux arts ! aux progrès,
Qui font passer la terre
Des fureurs de la guerre
Aux travaux de la paix
...
Sur la Seine et sous la Tamise,
Que le fer s'aligne en cordeaux ;
Qu'à nos lois la vapeur soumise
Fasse voler de lourds fardeaux ;
...
À travers les temps, les royaumes,
Volons à des destins meilleurs,

Et sur nos wagons voyageurs
Emportons le siècle et les hommes ! »

Théodore Lebreton (1803-1883), imprimeur sur étoffes, contribue à l'émergence d'une « poésie d'ouvrier » comme George Sand la qualifie :

« Dans la riche vallée où règne l'industrie
À peine si le jour lance un premier rayon,
Que tout va s'éveiller et répandre la vie
Car c'est un vaste champ où le travail convie
Le pauvre à creuser son sillon.
Dans chaque fournaise allumée,
Le feu pétille, et dans les airs
S'élève, en nuage formée,
Une épaisse et noire fumée
Dont les ateliers sont couverts. »

Pierre Dupont (1821-1870), apprenti-canut, puis garçon de courses, enfin goguettier et poète, ami de Courbet, apprécié par Baudelaire qui préface, en 1851, ses *Chants et chansons*, versifie également sur la locomotive :

« Je tiens mon grappin de chauffage,
Comme sa barre un vieux forban,
En regardant le paysage
Se dérouler comme un ruban.
Ah ! c'est une bien grande ivresse
De fendre l'air, comme un oiseau.
Avec du charbon et de l'eau
Mes bras noirs font cette vitesse. »

Mais aussi les métiers à tisser :

« Que de métiers ! que de bobines !
Que de travaux et d'œuvres d'art !
Quel essor donnent aux machines
Vaucanson et l'humble Jacquart !
Quand l'insecte a fini sa tâche,
Des milliers de doigts sont en jeu,

Les fils sont croisés sans relâche,
L'homme achève l'œuvre de Dieu. »

Jean Tisseur insiste lui, sur les aspects sociaux du machinisme, dans « Une visite au tombeau de Jacquard » (1853), il observe :

« Et si l'homme travaille, invente, agit, calcule,
Dans ses creusets brûlants s'il fond la molécule,
Si, d'un doigt curieux, dépeçant l'univers,
Il lit, comme un augure, en ses flancs entrouverts,
Si, de la plaine au fleuve et des mers aux collines,
On entend haleter le troupeau des machines
...
C'est afin que la Paix, dont l'abondance est mère,
Ici-bas soit durable en non plus éphémère ! »

Peu de voix discordantes, quant au plébiscite de l'industrialisation, néanmoins, l'accident ferroviaire du 8 mai 1842 entraine la rédaction de poèmes critiques envers la machine toute puissante. Ce jour-là, le train Versailles-Paris déraille à Meudon et cause la mort d'au moins 55 voyageurs, dont l'explorateur Jules Dumont d'Urville et 150 blessés... Victor-Louis-Amédée Pommier (1803-1877), latiniste et poète apprécié par Flaubert, écrit après la catastrophe :

« Devant de tels témoins, ô secte progressive
Vantez-nous le pouvoir de la locomotive,
Vantez-nous la vapeur et les chemins de fer,
Joli petit moyen pour briser les carcasses,
Ingénieux secret pour nous tuer par masses
Et nous rôtir au feu d'enfer. »

Alfred de Vigny affecté par cet accident, s'interroge sur le contrôle de ce genre de progrès technique qui se retourne contre les humains :

« Mais il faut triompher du temps et de l'espace,
Arriver ou mourir. Les marchands sont jaloux.
L'or pleut sous les charbons de la vapeur qui passe,
Le moment et le but sont l'univers pour nous.

Tous se sont dit : “Allons !” mais aucun n’est le maître
Un dragon mugissant qu’un savant a fait naître ;
Nous nous sommes joués à plus fort que nous tous. »

La *Revue de Paris*, créée en 1829 par le docteur Louis-Désiré Véron (1798-1867) est cédée en 1834 à François Buloz qui en arrête la publication en 1845. Le titre renait, en 1851, avec Arsène Houssaye, Louis de Cormenin et Maxime Du Camp, elle sera interdite en 1858. Louis de Cormenin (1788-1878), jurisconsulte, adhère aux mêmes idées que Maxime du Camp (1822-1894), quant à la poétisation des progrès techniques, comme il les expose dans « Les Féeries de la science », en 1851 : « Le travail est confié aux machines, remarque-t-il. Elles broient, elles déchirent, elles tissent, elles cardent, elles blutent, elles tordent, elles roulent, elles soulèvent, elles transportent. Pour elles, ni sueurs, ni défaillances, un jeu sûr, une précision automatique. Nos sens imparfaits encore ne peuvent connaitre si la machine éperonnée à toute vapeur souffre et halète aussi, si le piston rugit de révolte, si la chaudière, lasse d’être chauffée à blanc, n’a pas le dessein d’éclater. » Conviction partagée par le journaliste Hippolyte Castille (1820-1886) dans son article, « Des Lettres et des arts au point de vue industriel », publié en février 1853 et par Achille Kauffmann « La poésie de l’industrie » en juillet de la même année. Le premier lance un appel : « Il faut donc que la littérature et l’art s’unissent à l’industrie dans une sacrosainte union de forme et de pensée (...) La consolation et l’espérance descendront alors dans les cœurs les plus endoloris. Le soleil de l’avenir se lèvera entre les nuages sanglants du XIXe siècle, le siècle de la reconstitution du vieux monde. » Le second, poursuit : « Qui donc a osé dire le premier que l’industrie a tué la poésie, l’a ensevelie dans un linceul de bitume, de vapeur et de fumée ? qui a proféré un tel blasphème ? qui l’a répété, sans s’informer si la pensée est vraie, sans comprendre que cette industrie, dont on fait la meurtrière de la poésie, est, en réalité, le plus puissant inspirateur des temps nouveaux, le dieu créateur de notre époque. » Maxime Du Camp va concentrer ces idées dans la préface à son recueil de poèmes, *Les Chants modernes*, qu’il publie en 1855, l’année où l’Exposition universelle se tient à Paris. Cette préface s’inspire certainement de celle que Victor Hugo rédige pour son *Cromwell* en 1827 – du reste Gustave Planche parle de parodie, « sans la verve et l’originalité du modèle » –, ou celle de Théophile Gautier pour *Mademoiselle de Maupin*, en 1835 : une préface-manifeste. Théophile Gautier (1811-1872) écrit :

> « À quoi bon la musique ? à quoi bon la peinture ? Qui aurait la folie de préférer Mozart à M. Carrel, et Michel-Ange à l'inventeur de la moutarde blanche ? Il n'y a de vraiment beau que ce qui ne peut servir à rien ; tout ce qui est utile est laid. [...] Je préfère à certain vase qui me sert un vase chinois, semé de dragons et de mandarins, qui ne me sert pas du tout. »

C'est avec la révolution de 1848, semble-t-il, que ses idées évoluent vers une plus grande considération des « progrès », comme en témoigne son article, « L' Art en 1848 », publié dans *L'Artiste* :

> « (...) tous les anciens mythes sont à refaire. Les vieux emblèmes ne signifient plus rien. Il faut créer de toutes pièces un vaste symbolisme qui réponde aux idées et aux besoins du temps. »
> Ce qu'il précise dans « Plastique de la civilisation » (*L'Événement*, du 8 août 1848) :
> « (...) il est bien entendu que nous acceptons la civilisation telle qu'elle est, avec ses chemins de fer, ses bateaux à vapeur, ses machines (...) Ce monde de marbre blanc et d'azur que l'on appelle l'art antique peut être balancé sur la sphère du temps par un monde nouveau tout resplendissant d'acier et de gaz, aussi beau dans son activité que l'autre dans sa rêverie sereine. »

La suite de son œuvre hésitera toujours entre l'apologie du nouveau et de la grande ville et le respect du passé, auquel il a été formé et qu'il ne peut renier, à la différence de Maxime du Camp (1822-1894).

Le nom de Maxime Du Camp n'est connu, au mieux, que des lecteurs de Flaubert, avec lequel il a effectué un long périple en Orient en 1850-1851, entendez par-là, l'Égypte et les pays voisins. Il en a rapporté un récit de voyage illustré de photographies (125 épreuves sur papier salé qui sont collées), publié en 1852, *Égypte, Nubie, Palestine et Syrie. Dessins photographiques recueillis pendant les années 1849, 1850 et 1851*, le faisant, vraisemblablement l'auteur du premier livre avec des photographies, même si Gisèle Freund, dans *Photographie et société* ne le mentionne pas. Flaubert dans sa correspondance râle régulièrement contre son ami dont le matériel encombrant réclame deux ânes... Il s'est initié à la technique photographique en quelques mois et abandonnera cette soudaine passion peu après son retour en France. Plus tard, ce compagnon de route des saint-simoniens – il a pour ami, Charles Lambert, ingénieur, qu'il a rencontré au Caire et retrouvera aux côtés du Père Enfantin, à Ménilmontant, dans une communauté saint-simonienne -, enquêtera sur les institutions parisiennes et les réseaux qui irrigue la capitale, cela donnera, *Paris, ses organes, ses fonctions, sa vie* (1869-1875) et aussi, *La charité privée à Paris* (1885)... Je lis dans cette préface offensive : « Tout marche, tout grandit, tout s'augmente autour de nous cependant. La science fait des prodiges, l'industrie accomplit des miracles, et nous restons impassibles, insensibles, méprisables, grattant les cordes faussées de nos lyres, fermant les yeux pour ne pas voir, ou nous obstinant à regarder vers un passé que rien ne doit nous faire regretter. On découvre la vapeur, nous chantons Vénus, fille de l'onde amère : on découvre l'électricité, nous chantons Bacchus, ami de la grappe vermeille. C'est absurde ! » Cette absurdité tient à la déconnexion des poètes avec leur époque : « Quoi, nous sommes le siècle où l'on a découvert des planètes et des mondes, où l'on a trouvé les applications de la vapeur, l'électricité, le gaz, le chloroforme, l'hélice, la photographie, la galvanoplastie et que sais-je encore ?... et il faut s'occuper de la guerre de Troie et de ses panathénées. » Il attaque hardiment ceux qui se contentent d'imiter les poètes grecs et latins : « Un dernier mot : les poètes antiques, tourmentés déjà par les regrets du passé, ont placé l'âge d'or derrière nous, aux premiers temps de la terre. Ils se sont trompés ; j'en jure par l'éternel progrès, l'âge d'or est devant nous ! Il est trop loin encore pour que nous puissions l'atteindre dans notre existence actuelle, mais nous pouvons du moins travailler à défricher la route qui mène vers les beaux pays de l'avenir ; c'est plus que notre devoir, c'est notre mission ! » Après cette franche mise au point, il se jette à l'eau et propose ses poèmes dédiés aux manifestations du Progrès : « La Locomotive », « La Vapeur », « La Bobine », etc. Là, le lecteur impatient est profondément déçu, cette poésie intentionnelle est banale, fade, sans style. Qu'on en juge :

« J'éclate plus que les tonnerres,
Et je pousse par mes naseaux
Plus de flammes que les cratères !
Lorsque je suis dans mes colères,
Arbres, maisons, hommes, monceaux,
Je brise tout comme roseaux. »

Que dire devant de telles rimes si pauvres ? Un autre échantillon :

« Non ! non ! je suis la délivrance ;
Je porte les rédemptions !
Mes flancs sont remplis d'espérance,
C'est moi qui tuerai la souffrance
Parmi les générations,
Et j'unirais les nations ! »

Avec de telles expressions, de telles métaphores, de tels clichés faciles et attendus, une telle versification plate, les critiques ne se font pas attendre. Son ami, Gustave Flaubert ouvre le feu, il lui écrit : « Prends garde, tu es sur une pente !... Dans la préface des *Chants modernes*, tu as débité un tas de sornettes passablement déshonorantes, tu as célébré l'industrie et chanté la vapeur, ce qui est idiot et par trop saint-simonien. » Dans la *Revue des Deux Mondes*, Gustave Planche n'y va pas avec le dos de la cuillère : « (...) L'hélice a désormais droit de bourgeoisie dans le domaine poétique : Jacquart passe au rang des demi-dieux ; c'est un événement qui n'est pas à négliger (...) M. Du Camp nous explique très clairement comment la science peut devenir vassale de la poésie. Mon dieu, rien n'est plus simple, un enfant aurait trouvé cela : le génie s'est toujours rapproché de l'enfance par son ingénuité. Il s'agit de mettre en vers le *Cosmos* d'Alexandre Humboldt. » Baudelaire réagit indirectement en écrivant dans son compte-rendu de l'« Exposition universelle de 1855 » : « Transportée dans l'ordre de l'imagination, l'idée du progrès... se dresse avec une absurdité gigantesque, une grotesquerie qui monte jusqu'à l'épouvantable. La thèse n'est plus soutenable... Dans l'ordre poétique et artistique, tout révélateur a rarement un précurseur. Toute floraison est spontanée, individuelle ... L'artiste ne relève que de lui-même. Il ne promet aux siècles à venir que ses propres œuvres. Il ne cautionne que lui-même. Il meurt sans enfants. Il a été *son roi, son prêtre et son Dieu.* »

Maxime Du camp ne désarme pas et récidive avec le recueil *Les Convictions*, en 1858 et, devenu lyrique, déclame :

« Ô travailleurs pensifs des usines bruyantes !
Hommes des durs marteaux et des forges brillantes,
Ô maîtres du métal par vos forces dompté,
Cyclopes surhumains que nul labeur ne glace,
Ouvriers de la vie, ô formidable race !
Pionniers de l'humanité !

Debout sur le tender de vos locomotives,
...
L'homme ira bien plus loin, l'homme ira bien plus vite,
L'homme ira bien plus haut, sous le ciel sans limite,
Que par les lourds canons qui roulent avec bruit,
Brutalités sans but, instruments imbéciles,
Qui font des champs déserts où s'élevaient les villes,
Et changent la lumière en nuit ! »

Malgré les réserves de Baudelaire, Flaubert, Renan, Laprade, etc., la poésie industrialiste fait des émules. Alfred Michiels, bibliothécaire à l'École des Beaux-arts, dans son *Histoire des idées littéraires en France au XIX*[e] *siècle* (quatrième édition augmentée, 1863), considère que Maxime Du camp « pare de la forme poétique certains sujets que l'on croyait ne pouvoir la revêtir. Les morceaux intitulés : *la Vapeur*, *la Bobine*, *la Locomotive*... sont des entreprises audacieuses parfaitement réussies. » On peut s'interroger sur son sens critique et ses goûts... D'autres essayistes et poètes inscrivent leurs pas dans ceux de l'auteur des *Chants modernes*, comme Paul Meurice (qui sera l'exécuteur testamentaire des œuvres de Victor Hugo), Sébastien Rhéal (auteur de *La Vision de Faustus ou l'Exposition universelle en 1855*), Charles de Mouy (pas encore diplomate), le marquis Auguste de Belloy, Isidore-Alexandre Massé, Joséphin Soulary (poète lyonnais, pour qui « tout bonheur que la main n'atteint pas n'est qu'un rêve ») et quelques autres unissent leurs plumes pour célébrer le Progrès. Paul Juillerat (auteur dramatique) dans « Hier et aujourd'hui » (1857) ose produire ces vers :

« Ce concert inouï qu'enclumes et marteaux,
Au profit des humains, donnent dans chaque usine,

...
Les océans quinteux devenus praticables,
L'invisible alphabet galopant sur des câbles,
...
Tout cela, poésie admirable et profonde ! »

Tandis qu'Hippolyte Minier (qui finira Président de l'Académie nationale des sciences, belles-lettres et arts de Bordeaux) produit ces vers, intitulés « Le Progrès » (1856) que la postérité a bien fait d'oublier :

« Siècle ! courbe le front, voilà ton roi qui passe !
Sur ces lignes de fer qui nivellent l'espace
Et tendront fabuleux les vieux chemins de grès,
Le vois-tu s'élancer ? C'est lui, c'est le Progrès !
...
Terrible et fort, il a pour trône un char d'airain,
Pour coursiers la vapeur intelligente, active,
Pour spectre le piston d'une locomotive !
...
Vainqueur des éléments, il a, domptant les mers,
Aux rapides *steam-boat* soumis le flot amer ;
Vieux peuples, endormis dans la nuit du tombeau,
Vous n'avez que la foi pour protéger vos pas,
Nous à qui le Progrès a prêté son compas,
Pour marcher dans la vie où nul frein ne vous gêne,
Nous avons... des trottoirs et le gaz oxygène ! »

Certes la plupart d'entre eux composent ces poèmes de circonstance dans leur jeunesse, mais l'âge ne justifie en rien cette médiocrité, un Arthur Rimbaud, plus jeune encore rédige des poèmes que nous récitons encore... Elliott Mansfield Grant exhume d'autres auteurs que l'Histoire n'a pas retenu, l'un mérite d'être cité. Il s'agit de François Barrillot (1818-1874), ouvrier lithographe, républicain, qui fonde le *Journal de Guignol*, à Lyon en 1865, et fait chanter sur ses chansons la France entière, avant qu'aucun écho ne les transporte plus...Il dédie son long poème *La Vierge à l'Étoile* (1857) à Maxime Du Camp, où l'on peut lire :

« Ne gémis plus, poète, ô pauvre sensitive !
Épanouis-toi donc sans larmes, sans regrets ;
L'esclavage est broyé par la locomotive,
Ce grand coursier de Dieu qui porte le progrès ! »

Ou encore ceux-ci :

« Plus de poignants travaux, d'abrutissants labeurs,
Pour l'homme intelligent. De rudes travailleurs,
Des ouvriers géants aux bras infatigables,
Lèvent de lourds fardeaux sur leurs reins formidables !
Ils ont des mains de fer, des poitrines d'airain
Le travail sous leurs doigts nuit et jour va bon train
Ils frappent du marteau, font courir les aiguilles,
Que ne rouilleront plus les pleurs de jeunes filles ;
Ils taillent le granit, gravent les durs métaux,
Élèvent des palais, sculptent des chapiteaux,
Trainent le véhicule au sein des grandes rues,
Promènent dans les champs les herses, les charrues,
Et passent la faucille à travers le froment,
Constellé de bluets comme un beau firmament (...) »

Victor Hugo, Théodore de Banville, Sully Prudhomme, Villiers de l'Isle-Adam, pour ne mentionner que quelques noms célèbres vont reconnaître à Maxime Du Camp cette volonté de « coller » à son temps, de ne pas nier ce que la période charrie comme nouveautés, de ne pas mépriser ce qui provient de l'industrie. Ils n'hésiteront pas à utiliser, à leur tour, tout un vocabulaire technique (bitume, bielle, engrenage, filature, manivelle, piston, rouage, navette, étau, rouleau, dent...) y compris des mots anglais (*railway*, *tender*, *express*, *trucks*, *wagons*, *steamers*...), des adjectifs qui valorisent les nouveaux outils, les nouveaux moyens de transport (« agiles pyroscaphe », « nef animée », « chars mouvants », etc.), les nouveaux réseaux qui serpentent tout autour de la Terre. Émile Zola, opte pour la prose et offre à la locomotive (« la Lison »), dans *La Bête humaine* des phrases sublimes, elle est d'« une élégance fine et géante, avec ses grandes roues légères réunies par des bras d'acier, son poitrail large, ses reins allongés et puissants, toute cette logique et toute cette certitude qui font la beauté souveraine des êtres de métal, la précision dans la force. » La description de son agonie est incroyable, je ne peux m'empêcher de la citer en entier :

> « Elle se refroidissait, les braises de son foyer tombaient en cendre, le souffle qui s'était échappé si violemment de ses flancs ouverts s'achevait en une petite plainte d'enfant qui pleure... Un instant on avait pu voir, par ses entrailles crevées, fonctionner ses organes, ses pistons batte comme deux cœurs jumeaux, la vapeur circuler dans les tiroirs comme le sang dans les veines ; mais, pareilles à des bras convulsifs, les bielles n'avaient plus que des tressaillements, les révoltes dernières de la vie, cette haleine immense dont elle ne parvenait pas à se vider toute. La géante éventrée s'apaisa encore, s'endormit peu à peu d'un sommeil doux... Elle était morte. Et le tas de fer, d'acier et de cuivre qu'elle laissait là, ce colosse broyé, avec son troc fendu, ses membres épars, ses organes meurtris, mis en plein jour, prenait l'affreuse tristesse d'un cadavre humain, énorme, de tout un monde qui avait vécu et d'où la vie venait d'être arrachée dans la douleur. »

L'automobile et la bicyclette entrent aussi dans la fiction, avec autant de brio que la locomotive chez Zola. Songeons à quelques romans : *Voici des ailes* du cycliste Maurice Leblanc en 1898, *Le Recordman* de Rémy Saint-Maurice aussi en 1898, *Le roman d'un cycliste* de Rosny ainé, en 1899 à *La 628-E8* d'Octave Mirbeau en 1907, des *Veillées du chauffeur* de Tristan Bernard en 1909 et d'*Un tour de manivelle et l'on part* de Paul-Adrien Schayé en 1909, de *Monsieur Dupont. Nouveau roman comique de l'automobiliste*, de Henry Kistemaeckers en 1908 et des *Mémoires d'une 50 H.P.* de Paul Arosa (auteur de romances qualifiées de « merveilleuses scientifiques »), comme sa pièce, *Anticipations* en 1909, dont l'intrigue se déroule en 2218)... La porte est alors grande ouverte pour les « romans scientifiques » de Jules Verne (1828-1905) et H.G. Wells (1866-1946) où l'anticipation rivalise avec la fantaisie. Si l'on compte environ 3 000 automobiles en service en 1900 en France, elles seront 50 000 en 1909 et près de 100 000 en 1913 ! Le train roule de plus en plus vite, l'automobile et l'avion vont le concurrencer, la notion de « simultanéité », que ces machines illustrent, en compagnie du cinématographe (Georges

Méliès met au point le tournage dit « en accéléré »), s'impose dans toutes les activités industrielles et dans la plupart des arts.

En ce sens Maxime Du Camp a remporté la première manche, d'autant que son admiration pour les progrès techniques est aussi celle des « héros modernes » que sont les entrepreneurs capitalistes, qui investissent dans des nouveaux procédés de fabrication pour démultiplier leur fortune. Le Second Empire correspond pour les historiens à « l'âge d'or du capitalisme »... Il aura même une riche descendance, pas nécessairement revendiquée, Émile Verhaeren, Filippo Tommaso Marinetti, Guillaume Apollinaire, Blaise Cendrars et plus près de nous, Bernard Lavilliers qui chante ces mots magnifiquement assemblés :

« Un grand soleil noir tourne sur la vallée
Cheminée muette - portails verrouillés
Plus de flamme orange dans le ciel mouillé
On dirait - la nuit - de vieux châteaux forts
Bouffés par les ronces - le gel et la mort
Un grand vent glacial fait grincer les dents
Monstre de métal qui va dérivant

J'voudrais travailler encore - travailler encore
Forger l'acier rouge avec mes mains d'or
Travailler encore - travailler encore
Acier rouge et mains d'or (...) »

Pourtant, les récentes découvertes n'ont pas produit des chansons ou des poèmes à leur gloire. Qui ovationne le Concorde ou le TGV ? Qui s'émerveille d'une centrale nucléaire ou d'un tracteur-robotisé ? Qui s'enthousiasme du tout-numérique ou de l'IA ? Seuls, peut-être, les régimes autoritaires encouragent de telles chansons... Toute la poésie réaliste venue d'Union soviétique et de ses États satellites est à pleurer ! Boris Vian dans *La complainte du progrès*, en 1956, le ridiculise, vous-vous en souvenez ? En voici les premières strophes :

« Autrefois pour faire sa cour
On parlait d'amour
Pour mieux prouver son ardeur
On offrait son cœur

Maintenant, c'est plus pareil
Ça change, ça change
Pour séduire le cher ange
On lui glisse à l'oreille
Ah, Gudule
Viens m'embrasser
Et je te donnerai
Un frigidaire
Un joli scooter
Un atomixer
Et du Dunlopillo
Une cuisinière
Avec un four en verre
Des tas de couverts
Et des pelles à gâteaux
Une tourniquette
Pour faire la vinaigrette
Un bel aérateur
Pour bouffer les odeurs
Des draps qui chauffent
Un pistolet à gaufres
Un avion pour deux
Et nous serons heureux (...) »

Léo Ferré, la même année, dans « Préface », expose son art poétique et désolidarise toute poésie d'un quelconque progrès au destin mercantile, il remaniera, à plusieurs reprises, son texte, voici la version de 1971, qui annonce le phrasé du rap, la précipitation du propos, l'urgence de la colère :

La poésie contemporaine ne chante plus, elle rampe
Elle a cependant le privilège de la distinction
Elle ne fréquente pas les mots mal famés, elle les ignore
On ne prend les mots qu'avec des gants
À menstruel, on préfère périodique
Et l'on va répétant qu'il est des termes médicaux
Qui ne doivent pas sortir des laboratoires et du codex (...)

Nous vivons une époque épique
Et nous n'avons plus rien d'épique

La musique se vend comme le savon à barbe
Pour que le désespoir même se vende
Il ne reste qu'à en trouver la formule
Tout est prêt, les capitaux, la publicité, la clientèle
Qui donc inventera le désespoir ? (...)

N'oubliez jamais que ce qu'il y a d'encombrant dans la morale
C'est que c'est toujours la morale des autres
Les plus beaux chants sont des chants de revendication
Le vers doit faire l'amour dans la tête des populations
À l'école de la poésie, on n'apprend pas
On se bat ! »

Ainsi, Maxime Du Camp a perdu la seconde manche, que Baudelaire va remporter au nom d'une toute autre compréhension de la modernité. C'est d'elle qu'il nous faut maintenant parler.

Scène 2

La modernité urbaine poétisée

LA MODERNITÉ URBAINE POÉTISÉE

La modernité est une idée neuve en ce XIXe siècle de fonte et d'acier, de charbon et d'électricité. La mécanisation du travail agricole jette au chômage de nombreux ruraux qui migrent en villes. Celles-ci sont reliées entre elle par la toile d'araigné du chemin de fer en extension. La locomotive n'est pas qu'une « bête humaine », c'est un nouveau rapport au temps, à la productivité et au contrôle du travail, indispensable pour produire toujours plus. Certains créateurs se sont emparés des machines, aux mécanismes si bien huilés, incapables d'une bévue, pour en chanter les prouesses et la beauté si bien façonnée. Pourtant la poésie née des usines s'avère pauvre, perclue de clichés, encombrée de lieux communs... Elle ambitionnait d'exalter les progrès techniques, expressions de la modernité, elle se retourne contre elle-même.

Les lexicographes trouvent quatre ou cinq fois sous la plume de Montaigne le mot « moderne », sans plus de précision. Plus tard, Pierre Richelet, en 1680, dans son dictionnaire emploie le mot « moderne » dans le sens de ce « qui est de notre temps ». Il l'associe à « architecture » et use du verbe « moderner », non pas pour dire « moderniser » une architecture, mais bel et bien « moderner » un bâtiment, une église sans aucunement emprunter quoi que ce soit au modèle antique. Plus tard, imprimé à Trévoux, en 1704, le dictionnaire concurrent du Furetière, consigne : « Moderner. Rétablir, restaurer un antique à la moderne. Ce que l'on pourroit regarder comme un crime de lèze antiquité, c'est ce que fit le Borromini quand on le chargea sous Innocent X de *moderner* la nef de Saint-Jean de Latran. » Le verbe « moderniser » se substituera à « moderner » au cours du XVIIIe siècle, venant de l'anglais *modernize* en 1754 avec une traduction du poète Alexander Pope. La période n'est pas encore prête à accueillir le mot « modernité », même si Jean-Jacques Rousseau s'adresse à un de ses correspondants, en lui écrivant « Vous, les modernistes... ».

Le mot « modernité » est inventé quasi-simultanément par trois auteurs. Je note cette exceptionnalité : trois pères et aucune mère !

Théophile Gauthier, Maxime Du Camp, dont j'ai déjà parlé dans le précédent chapitre et Charles Baudelaire. Ce mot revendiqué par ces trois auteurs traverse la Manche et l'Atlantique et devient *modernity* en Angleterre et aux États-Unis, passe en Chine et au Japon à la fin du XIXe siècle comme synonyme de « colonisation » et d'« occidentalisation ». Très vite, il revêtira une connotation négative, les nationalistes japonais ou chinois dirons : « Nous ne devons rien à l'Occident, nous sommes nous-mêmes modernes ! » Derrière la « modernité », le productivisme qui se met en place en Occident au tournant des XVIIIe et XIXe siècles, avec son cortège de machine : le télégraphe, la locomotive à vapeur, l'appareil photo, le béton armé, la sidérurgie, le tracteur, la moissonneuse-batteuse-lieuse, le gaz, l'électricité, les transatlantiques, les automobiles, les avions... En fait, la modernité est alors synonyme de toutes ces inventions et innovations qui, évidemment, chahutent les artistes, qui se partagent entre les zélateurs de ces progrès et leurs détracteurs, comme je viens de le conter dans le précédent chapitre... Il faut attendre Paul Virilio pour que l'on puisse étudier n'importe quel progrès sous toutes ses facettes et accepter qu'il génère aussi son accident, ce qui est dissimulé par ses partisans. Ceux-ci sont aveuglés par le « tout nouveau tout beau » et ne peuvent imaginer un instant une panne, un dysfonctionnement, une nocivité, un désordre... Or, tout « progrès » s'accompagne de son détraquement, comme chacun peut le constater : un avion se crasche, un train déraille, un navire coule, une voiture dérape, une centrale nucléaire explose...

Vraisemblablement le mot « modernité » apparait, pour la première fois, sous la plume de Honoré de Balzac, qui ne va pas le théoriser. Il signe à l'époque Horace de Saint Audin et publie en 1822 un roman que ses commentateurs considèrent médiocre, L*e Centenaire ou les deux Béringheld,* œuvre de jeunesse, dans lequel il emploie ce terme. Voici la phrase en question :

> « Au milieu des sublimes pensées de trois siècles, en contemplant le Musée, ce magnifique monument élevé par les peintres de tous les âges de la modernité. Marianine serrait le bras de Tullius et le regardait d'un air qui disait tout, lorsqu'elle était, soit devant les *Bergers d'Arcadie* de Poussin, soit devant les tableaux de Raphaël. »

Cette modernité-là concerne la période née avec la Renaissance italienne, elle enveloppe plusieurs siècles et ne correspond pas exclusivement au machinisme et aux progrès techniques liés au productivisme, à ce nouveau rapport au temps, qui vise son efficacité, sa productivité, son accélération...

Balzac suit les cours de Georges Cuvier au Museum d'Histoire naturelle et d'Étienne Geoffroy Saint-Hilaire (à qui, il dédie *Le Père Goriot*), il s'intéresse aux us et coutumes des animaux, à ce qui n'est pas encore désigné par le mot « ethologie », ce néologisme sera forgé par Isodore Geoffroy Saint-Hilaire en 1854. L'éthologie est « la science des comportements », l'« étude des mœurs ». C'est ainsi qu'il élabore une « physiologie du mariage », par exemple, ou étudie les caractéristiques des comportements humains comme d'autres observent les animaux, il va même jusqu'à repérer des similitudes entre le visage d'un humain et la physionomie d'un animal, ce qui n'échappe pas à certains caricaturistes et à la physiognomie élaborée par Johann Kaspar Lavater dans les quatre volumes de *Physiognomische Fragmente* publiés de 1774 à 1778. La traduction française, *Physiognomie ou l'art de connaître les hommes* parait de 1806 à 1809. La modernité correspond à ce *quelque chose* qui surgit à un moment et pas à un autre. Il est vrai que dans « modernité », il y a « mode »... C'est du reste pour les revues, *La Mode* et *La Caricature*, qu'il rédige, en 1830, de courts textes que l'on peut apparenter à des « poèmes en prose », même si cette expression n'est pas encore formulée. Ils sont illustrés par des dessins de Charlet, Grandville, Monnier, Gavarni, etc. Balzac est un marcheur-observateur qui croque des brèves scènes en quelques mots bien sentis, ainsi dans « le Mendiant » :

> « Pour moi, Paris est une fille, une amie, une épouse, dont la physionomie me ravit toujours... parce qu'elle est pour moi toujours nouvelle... Je l'étudie à toute heure et chaque fois j'y découvre des beautés neuves. Elle a ses caprices, elle se voile sous la pluie, pleure, reparaît brillante, illuminée par un rayon de soleil qui suspend des diamants à ses toits. Elle est majestueuse, ici, coquette, là ; pauvre plus loin ; elle s'endort, elle se réveille, elle est tumultueuse ou tranquille. Ah ! ma chère ville, comme elle est étincelante et fière par une soirée de fête, lumineuse, elle saute, elle tressaille... »

Plus loin, il s'exclame :

« Les boulevards sont à moi ! à moi, l'ombrage des Tuileries, les lilas du Luxembourg, à moi les jeunes colonnades du Palais-Royal. Ah ! personne ne connaîtra si bien que moi les heures délicieuses où Paris s'endort, où le dernier roulement d'un carrosse retentit, où les chants des compagnons cessent... »

Dans *la Théorie de la démarche*, en 1833, il excelle dans ces portraits pris sur le vif dans les rues, qui lui inspirent des réflexions aphoristiques, que l'on peut considérer comme des amorces de slam. Par exemple : « Le repos est le silence du corps », n'est-ce pas le premier vers d'un slam ? Ou celui-ci : « Tout mouvement exorbitant est une prodigalité sublime ». Qui ne poursuivrait pas, en improvisant ? Cette qualité rédactionnelle est reconnue par Théophile Gautier, qui dans *Le Moniteur* (mars, avril et mai 1858) lui rend hommage et écrit :

« Balzac ne doit rien à l'antiquité ; pour lui il n'y a ni Grecs ni Romains et il n'a pas besoin de crier pour qu'on le délivre. On en retrouve dans la composition de son talent aucune trace d'Homère, de Virgile, d'Horace, pas même du *De Viris illustribus* : personne n'a jamais été moins classique. Balzac, comme Gavarni, a vu ses contemporains : et, dans l'art la difficulté suprême c'est de peindre ce qu'on a devant les yeux : on peut traverser son époque sans l'apercevoir, et c'est ce qu'ont fait beaucoup d'esprits éminents. »

Baudelaire (1821-1867) lit passionément Balzac, s'en imprègne, au point où il souhaite lui aussi que des caricaturistes soient associés à la publication de ses poèmes du *Spleen de Paris*. Je note que selon le Centre nationales de ressources textuelles et lexicales, le mot *spleen* est déjà employé par Balzac dans une lettre : « Je sens venir le dégout de tout, qui est le *spleen* de l'amour », mais Baudelaire n'a pas pu en avoir connaissance. *Le Spleen de Paris* ou *Petits poèmes en prose*, sort en 1869 et popularise un mot anglais intraduisible (*spleen*), qui vient du grec, *Skleit*, et donne *splen*, la « rate » qui produit la bile, que l'on associe à la mélancolie. Aussi, le *spleen* s'apparente à une sorte de « mal-être », de cafard, de langueur, d'hypocondrie, qui vous assaille en permanence, dont on connaît mal lcs origines. Il écrit à sa mère, le 30 décembre 1857 :

> « Est-ce le physique malade qui diminue l'esprit et la volonté ou est-ce la lâcheté spirituelle qui fatigue le corps, je n'en sais rien. Mais ce que je sens, c'est un immense découragement, une sensation d'isolement insupportable, une peur perpétuelle d'un malheur vague, une défiance complète de mes forces, une absence totale de désir, une impossibilité de trouver un amusement quelconque (...). C'est là véritablement esprit de *spleen*. »

Avoir le *spleen* revient à être malheureux, traîner son âme comme un boulet, être insatisfait, broyer du noir. Comment y réagir ? Quels remèdes préconiser ? Baudelaire pense que la ville « énergise ». Tout comme Balzac, il aime le contact charnel, sensoriel, avec la ville et recherche paradoxalement l'isolement dans la foule. La grande ville est une inépuisable source d'inspiration, tout change en elle, tout vibre, résonne, surprend, fascine. Balzac a situé l'intrigue de plusieurs de ses romans dans des villes de province, mais incontestablement c'est Paris qui domine toute son œuvre. Il en va de même pour Baudelaire qui défend une autre acception dans « Le peintre et la vie moderne », article publié en 1863 et rédigé en 1859. Saluant l'œuvre de Constantin Guys (1802-1892), dessinateur et peintre, il précise :

> « Il cherche ce quelque chose qu'on nous permette d'appeler la modernité car il ne se présente pas de meilleur mot pour exprimer l'idée en question. Il s'agit pour lui de dégager de la mode ce qu'elle peut contenir de poétique dans l'historique, de trouver l'éternel du transitoire et le fugitif, le contingent, l.a moitié de l'art dont l'autre moitié est l'éternel et l'immuable. En un mot, pour que toute modernité soit digne de devenir antiquité, il faut que la beauté mystérieuse que la vie y met volontairement en ait été extraite. »

Déjà dans le *Salon de 1845*, il concluait :

> « Au vent qui soufflera demain nul ne tend l'oreille ; et pourtant l'héroïsme de *la vie moderne* nous entoure et nous presse. (...) ce ne sont ni le sujets ni les couleurs qui manquent aux épopées. Celui-là sera le *peintre*, le vrai peintre, qui saura arracher à la vie actuelle son côté épique, et nous faire voir et comprendre, avec de la couleur ou du dessin, combien nous sommes grands et poétiques dans nos cravates et nos bottes vernies. »

La beauté combine toujours l'éternel et le transitoire, elle n'est qu'une « abstraction écrémée à la surface générale des beautés diverses ». Il explicite sa conception dans « Le peintre et la vie moderne » :

> « Le beau est fait d'un élément éternel, invariable, dont la quantité est excessivement difficile à déterminer, et d'un élément relatif, circonstanciel, qui sera, si l'on veut, tour à tour ou tout ensemble, l'époque, la mode, la morale, la passion. »

La modernité baudelairienne est hors temps, elle ne se préoccupe pas de la chronologie historique, ainsi pour les dessins de Guys :

> « Le plaisir que nous retirons de la représentation du présent tient non seulement à la beauté dont il peut être revêtu, mais aussi à sa qualité essentielle de présent. »

La modernité baudelairienne récuse l'histoire et son déroulé itératif et évolutionniste, son « présent » est circonstanciel, il échappe au « mythe du progrès », à la foi naïve en la Science. Il inscrit le présent dans l'intemporel. C'est la fuite du temps qu'il colmate désespérement, en s'enivrant avec du mauvais vin, en fumant de l'opium, en désirant passionnément... Mais ces « paradis artificiels » échappent à son créateur, qui vit alors dans la surnaturalité, ce qui n'est pas non plus le but recherché. Par contre elle est située : dans la grande ville ! Baudelaire n'aime pas la nature. François Porché rappelle qu'il se plaisait à dire :

> « L'eau en liberté m'est insupportable ; je la veux prisonnière, au carcan, dans les murs géométriques d'un quai. Ma promenade préférée

est la berge du canal de l'Ourcq ; quand je me baigne, c'est dans une baignoire ; j'aime mieux une boîte à musique qu'un rossignol ; et pour moi, l'état parfait des fruits ne commence qu'au compotier. »

Charles nait à Paris (rue Hautefeuille) le 9 avril 1821. Son père, chef de bureau de la Chambre des Pairs, se considère avant tout comme peintre, il épouse Rosalie Janin en 1797 avec qui il a fils. Veuf en 1814, il se marie avec Caroline Dufays en 1819, il a soixante ans et elle vingt-six. Il meurt en 1827, Caroline se remarie l'année suivant avec Jacques Aupick, chef de bataillon, nommé à Lyon, puis à Paris. En 1841, son beau-père le fait embarquer sur le *Paquebot-des-Mers-du-Sud*, à destination de Calcutta, afin de le soustraire aux mauvaises fréquentations qu'il cultive alors étudiant dilettante. Charles s'arrête à l'île Maurice et s'en retourne en France, via Le Cap, sur l'*Alcide*. Il n'est pas insensible à la beauté de certaines jeunes femmes du cru... Héritier, il dilapide rapidement une partie de la fortune léguée par son père. Sa mère inquiète réclame un conseil judiciaire, dorénavant, il doit passer par celui-ci pour obtenir de l'argent. Il vit toujours au-dessus de ses moyens, s'endette terriblement, supplie sa mère d'éponger ses dettes, essaie de vendre ses articles, traductions et poèmes aux revues qu'il connait, déménage pour échapper aux créanciers, s'exile en Belgique où il donne quelques conférences devant un public clairsemé en 1866. Là, les premiers symptômes d'aphasie et d'hémiplégie le bloquent à l'hôpital. On le conduit à Paris, où après une année de quasi-immobilité, il décède, après une douloureuse agonie, entièrement conscient de ce qui lui arrive. Lors de son enterrement, une poignée d'amis seulement - Asselineau, Banville, Fantin-Latour, Manet, et un jeune admirateur, Paul Verlaine -, l'accompagne à sa dernière demeure. Rien dans les journaux, une seule nécrologie dans l'*Étendard*... La grande ville est bien celle de l'isolement. Baudelaire, *homo urbanus*, a principalement vécu à Paris, où il occupe successivement 44 domiciles, des hôtels, des garnis, des locations... À chaque fois, il s'enfuit sans payer son dû, sa mère qu'il adjure de régler ses créanciers s'exécute en rechignant, quant au notaire qui gère ses biens, il reste fréquemment sourd à ses supplications. Il séjourne plusieurs mois à Honfleur, en 1859, chez sa mère. Là, il fréquente Eugène Boudin et y écrit, en particulier *Le Voyage*, dédié à Maxime Du Camp. Certainement parce que celui-ci est un voyageur, mais aussi car il lui doit de l'argent...

Mais Paris lui manque et il y revient, ne serait-ce que pour placer ses écrits et s'occuper de Jeanne Duval, son ancienne maitresse, une mûlatresse malade et pauvre... Le Paris de cette époque est un vaste chantier. En effet, le baron Haussmann, de 1853 à 1870, entreprend de gigantesques travaux : des avenues et des boulevards sont percés, des squares et des parcs sont créés (1 800 hectares d'« espaces verts » confiés à Eugène Alphand), des immeubles sont détruits pour que l'on puisse en édifier d'autres, plus hauts et plus confortables, des fontaines sont installés, des trottoirs offrent au piéton une certaine sécurité de déplacement, avec des bancs, des kiosques, des réverbères, les Halles sont édifiées, Zola en fait le personnage principal de son roman, *Le Ventre de Paris*... La spéculation bât son plein, Zola, une fois de plus, en rend compte dans *La Curée*. Paris, le 1er janvier 1860 passe de douze à vingt arrondissements en annexant des villages entiers ou des parties coincés entre la Barrière des Fermiers généraux et la fortification Thiers, comme Passy, Clichy, Vaugirard, Montrouge... La capitale s'embourgeoise et les « classes laborieuses » considérées comme « dangereuses » sont repoussées dans la banlieue, qui change également, sociologiquement et morphologiquement. Elle va se lotir au détriment des maraîchers, la banlieue dortoir remplace progressivement les petits villages de villégiatures et hérite des entrepôts, des cimetières, des infrastructures ferroviaires, des usines, que Paris ne veut plus... La capitale, comme toutes les grandes villes occidentales, se dote de nouveaux équipements : théâtres, opéra, bourse, musée, parcs et jardins publics, grands magasins, gares... L'éclairage au gaz, puis à l'électricité, se généralise, ainsi que les transports collectifs (tramways hippomobiles, puis électriques). Les travaux attirent une main d'œuvre provinciale logée dans des taudis, le luxe de la capitale aimante des touristes aisés, les Expositions universelles sont prisées par un nombre incalculable de visiteurs. Paris ignore les temps morts. Tout en elle circule, jour et nuit. Elle est traversée par d'innombrable flux (de capitaux, de marchandises, de voyageurs, de rumeurs, de désirs sexuels, etc.). Baudelaire, à la suite de Balzac, se fait flâneur. Il observe tout et tout l'intéresse. Mais, à la différence de l'auteur de *La Comédie humaine*, il n'a pas l'œil d'un entomologue, il ne cherche pas à décrire le plus précisément possible ce à quoi il assiste. Il veut avant tout saisir *l'esprit de la ville*, sa *modernité*, ainsi qu'il l'explique dans « Le peintre et la vie moderne » :

« Pour le parfait flâneur, pour l'observateur passionné, c'est une immense jouissance que d'élire domicile dans le nombre, dans l'ondoyant, dans le mouvement, dans le fugitifs et l'infini. Être hors de chez soi, et pourtant se sentir partout chez soi ; voir le monde, être au centre du monde et rester caché au monde, tels sont quelques-uns des moindres plaisirs de ces esprits indépendants, passionnés, impartiaux, que langue ne peut que maladroitement définir. »

La rue et la foule sont les deux dispositifs que privilégie le poète pour atteindre le fugitif et l'éternité qui s'y entremêlent. L'on pense immédiatement à deux poèmes, « À une passante », qui figure dans les « Tableaux parisiens » du recueil, *Les Fleurs du mal* et « Les Foules », publié dans *Le Spleen de Paris*.

Voici, le premier :

« La rue assourdissante autour de moi hurlait.
Longue, mince, en grand deuil, douleur majestueuse,
Une femme passa, d'une main fastueuse
Soulevant, balançant le feston et l'ourlet ;

Agile et noble, avec sa jambe de statue.
Moi, je buvais, crispé comme un extravagant,
Dans son œil, ciel livide où germe l'ouragan,
La douceur qui fascine et le plaisir qui tue.

Un éclair... puis la nuit ! – Fugitive beauté
Dont le regard m'a fait soudainement renaître,
Ne te verrai-je plus que dans l'éternité ?

Ailleurs, bien loin d'ici ! trop tard ! jamais peut-être !
Car j'ignore où tu fuis, tu ne sais où je vais,
Ô toi que j'eusse aimée, ô toi qui le savais ! »...

Poème extraordinaire. Imaginez cette incroyable trouvaille pour décrire un œil : « Un ciel livide où germe l'ouragan ». C'est d'une beauté métaphorique ! « Métaphore », du grec *metaphora*, « transport », « transposition de sens », signifie aussi « se mouvoir », d'où vient le mot « émotion ».

Il y a là quelque chose, en effet, qui nous déplace dans ce sonnet si remarquablement composé. C'est cela, la grande ville. Ce lieu de tous les déplacements possibles. On n'est plus à sa place. On est déplacé. Et heureux de l'être. On n'est pas dans son quartier, dans un de ces lieux familiers que l'on fréquente habituellement. Ce jeu de déplacement fait qu'on se trouve « énergisé » par un bain de ville. Une passante ? Un être furtif. Une inconnue désirable. Une virtualité. C'est le poème-type qui à mes yeux rassemble tout ce que « modernité » signifie : représenter le présent, dans ce qu'il a de nouveauté dans la continuité avec le passé. Dans le poème lui même, transparaissent les mots « fugitive » et « éternité ». Le titre, « À une passante », est anonyme, on ne connait ni son prénom, ni son âge. Le poète et son lecteur, n'en sauront rien de plus. Cet imperceptible moment, que Bachelard appellera « instant », où un regard en croise un autre ne peut que marquer profondément le poète, et peut-être aussi la passante. Pour Emmanuel Levinas, l'échange de regard est la promesse d'une rencontre, le visage est avant tout une expression retenue, muette, qui exprime ce *quelque chose* de suffisamment décisif pour déclencher une empathie, un désir d'en savoir plus, d'en savoir plus sur ce désir de rencontre. Cela est proprement démultiplié par la ville où tant de regards se téléscopent, s'attirent, s'évitent. Poème qui se déclame sur un fond musical, comme Léo Ferré, sait si bien le faire, un poème chanté, en quelque sorte...

Le second, « Les foules » est un poème en prose :

> « Il n'est pas donné à chacun de prendre un bain de multitude : jouir de la foule est un art ; et celui-là seul peut faire, aux dépens du genre humain, une ribote de vitalité, à q ui une fée a insufflé dans son berceau le goût du travestissement et du masque, la haine du domicile et la passion du voyage.
> Multitude, solitude : termes égaux et convertibles pour le poète actif et fécond. Qui ne sait pas peupler sa solitude, ne sait pas non plus être seul dans une foule affairée.
> Le poète jouit de cet incomparable privilège, qu'il peut à sa guise être lui-même et autrui. Comme ces âmes errantes qui cherchent un corps, il entre, quand il veut, dans le personnage de chacun. Pour lui seul, tout est vacant ; et si de certaines places paraissent lui êtres fermées, c'est qu'à ses yeux elles ne valent pas la peine d'être visitées.

Le promeneur solitaire et pensif tire une singulière ivresse de cette universelle communion. Celui-là qui épouse facilement la foule connaît des jouissances fiévreuses, dont seront éternellement privé l'égoïste, fermé comme un coffre, et le paresseux, interné comme un mollusque. Il adopte comme siennes toutes les professions, toutes les joies et toutes les misères que la circonstance lui présente.
Ce que les hommes nomment amour est bien petit, bien restreint et bien faible, comparé à cette ineffable orgie, à cette sainte prostitution de l'âme qui se donne tout entière, poésie et charité, à l'imprévu qui se montre, à l'inconnu qui passe.
Il est bon d'apprendre quelquefois aux heureux de ce monde, ne fût-ce que pour humilier un instant leur sot orgueil, qu'il est des bonheurs supérieurs au leur, plus vastes et plus raffinés. Les fondateurs de colonies, les pasteurs de peuples, les prêtres missionnaires exilés au bout du monde, connaissent sans doute quelque chose de ces mystérieuses ivresses ; et, au sein de la vaste famille que leur génie s'est faite, ils doivent rire quelquefois de ceux qui les plaignent pour leur fortune si agitée et pour leur vie si chaste. »

L'association de « solitude » et de « multitude » est exactement ce que par la suite, des auteurs comme Georges Perec, Jean Duvignaud, Pierre Sansot, David Le Breton, pour ne citer que des auteurs français, utiliseront. Ils se serviront peut-être du mot « anonymat », mais en voulant dire « solitude », et non pas « isolement », ce méfait de la société urbaine. Quand on entend : « Madame Untelle a été retrouvée morte dans son appartement, son décès remonte à plus d'un mois », l'on comprend parfaitement ce qui distingue « isolement » et « solitude ». La solitude pour Baudelaire consiste à faire le point sur soi en s'isolant. C'est un impératif existentiel. Et il peut s'isoler dans le brouhaha d'un estaminet... La multitude n'est pas la foule au sens des sociologues de la fin du XIXe siècle, infantile et manipulable. Non. Les foules de Baudelaire sont des foules aimables ; elles intègrent plus qu'elles ne rejettent. Nous pouvons marcher seul dans une foule. Ce n'est pas une manifestation revendicative ou une farandole festive, non, mais ce *quelque chose* de très particulier *dans* et *avec* laquelle chacune et chacun affirme sa singularité au sein même d'un regroupement fluide, ouvert, libre qui ne l'uniformise pas...

Le mouvement de la foule révèle le fugitif et l'infini que quête Baudelaire avec gourmandise.

Il y a bien sûr de nombreux autres poèmes « urbains » dans ses œuvres poétiques, publiées de façon dispersées entre 1845 et 1867. Il songe à en regrouper certains sous le titre, *Les Lesbiennes* en 1845, *Les Limbes* en 1848, puis *Les Fleurs du mal* en 1855, ce dernier titre est suggéré par Hippolyte Babou (1823-1879), critique littéraire et auteur. *Les Fleurs du mal* rassemble dans son édition de 1861, six parties (« Spleen et idéal », « Tableaux parisiens », « Le vin », « Fleurs du mal », « Révolte » et « La Mort »). Le volume est dédié à Théophile Gautier. La première édition, en 1857, tirée à 500 exemplaires est sévèrement attaquée par *Le Figaro* où Gustave Bourdin écrit qu' « il y a des moments où l'on doute de l'état mental de M. Baudelaire, il y en a où l'on n'en doute plus ; – c'est, la plupart du temps, la répétition monotone et prémédités des mêmes choses, des mêmes pensées. L'odieux y côtoie l'ignoble ; le repoussant s'y allie à l'affect... ». La Justice l'attaque pour « outrage à la morale publique et aux bonnes mœurs » et le condamne à une forte amende et au retrait de six poèmes (« Les bijoux », « Le Léthé », « À celle qui est trop gaie », « Lesbos », « Femmes damnées » et « les métamorphoses du vampire »), qui ne seront autorisés à être publiés qu'en 1949 ! Ils paraitront, néanmoins en 1866 en Belgique, sous le titre *Les Épaves*. Les *Petits poèmes en prose* sont dédiés à Arsène Houssaye (1814-1896), qui en a fait paraître certains dans *La Presse* qu'il dirige alors. Certes ces 201 poèmes en vers et en prose n'évoquent pas tous la grande ville, mais nombreux sont ceux qui y font référence, jamais directement, car Baudelaire refuse le naturalisme et préfère l'allégorie. Contemporain de la grande métropole, il ne se prive pas d'en exalter certains traits : la foule qui grouille, le hasard des rencontres, la présence de marginaux comme les mendiants, etc. Un vers est terriblement célèbre, je dis « terriblement », car son usage s'avère parfois incontrôlé :

« Le vieux Paris n'est plus (la forme d'une ville.
Change plus vite, hélas, que le cœur d'un mortel). »

Il a même été repris, à quelques mots près, par Jacques Roubaud, comme titre d'un de ses recueils, *La forme d'une ville change plus vite, hélas, que le cœur des humains*... Ces deux vers – je précise que le mot « vers » vient du latin *versus*, qui désigne l'action de tourner la charrue au bout du sillon, d'où « sillon », et par analogie « ligne d'écriture », c'est-à-dire « un vers »... – appartiennent au poème, *Le Cygne*, de 1859, dédié à Victor Hugo, alors en exil. Curieux texte qui débute par Andromaque, dont le nom en grec signifie « celle qui combat les hommes » – il est vrai qu'après la mort d'Hector lors de la conquête de Troie, contrainte, elle épouse Pyrrhus, le vainqueur, pour protéger son fils Astyanax, qui sera quand même tué, plus tard, à nouveau veuve, elle ne peut échapper à Hélénus –, afin d'établir un parallèle entre la chute de Troie et les transformations de Paris. Il est possible aussi qu'Andromaque accepte l'exil forcé, comme Victor Hugo, qui dénonce le coup d'État de Louis-Napoléon Bonaparte devenu Napoléon III. Enfin, le cygne, est un animal blanc (couleur de la pureté), élégant, qui évadé de sa cage ne sait plus où il se trouve, à l'instar de l'héroïne troyenne et de l'auteur de *La Légende ses siècles*. C'est en pensant à Andromaque, que ce souvenir

« A fécondé soudain ma mémoire fertile,
Comme je traversais le nouveau Carrousel. Le vieux Paris n'est plus la forme d'une ville
Change plus vite, hélas ! que le cœur d'un mortel. »

Plus loin, il remarque :

« Un cygne qui s'était évadé de sa cage
Et, de ses deux pieds palmés frottant le pavé sec,
Sur le sol raboteux traînait son blanc plumage. »

L'esprit du narrateur ne sait que penser de ce télescopage entre Andromaque qui se rappelle à lui et la vue de cet animal perdu :

« Paris change ! mais rien dans ma mélancolie
N'a bougé ! palais neufs, échafaudages, blocs,
Vieux faubourgs, tout pour moi devient allégorie,
Et mes chers souvenirs sont plus lourds que des rocs. »

Il voit la ville se transformer sans pour autant rompre avec son passé, tout comme Andromaque, qui perd son amour (Hector) et doit suivre Pyrrhus, puis après la mort de ce dernier, Hélénus, et il ajoute :

« Je pense à la négresse, amaigrie et phthisique,
Piétinant dans la boue, et cherchant, l'œil hagard,
Les cocotiers absents de la superbe Afrique
Derrière la muraille immense du brouillard ; »

Avant de conclure, avec un certain désespoir, et superbement :

« À quiconque a perdu ce qui ne se retrouve
Jamais, jamais ! à ceux qui s'abreuvent de pleurs
Et tettent la Douleur comme une bonne louve !
Aux maigres orphelins séchant comme des fleurs !

Ainsi dans la forêt où mon esprit s'exile
Un vieux Souvenir sonne à plein souffre du cœur !
Je pense aux matelots oubliés dans une île,
Aux captifs, aux vaincus ! ... à bien d'autres encor ! »

Il convient de lire ces vers à haute voix afin d'en apprécier l'incroyable beauté. Il en va de même pour « Les sept vieillards », également dédié à Victor Hugo, dont la première strophe, une fois lue, s'incruste dans notre mémoire :

« Fourmillante cité, cité pleine de rêves,
Où le spectre en plein jour raccroche le passant !
Les mystères partout coulent comme des sèves
Dans les canaux étroits du colosse puissant. »

Et la suite ?

« Un matin, cependant que dans la triste rue
 maisons, dont la brume allongeait la hauteur,
Simulaient les deux quais d'une rivière accrue,
Et que, décor semblable à l'âme de l'acteur,

Un brouillard sale et jaune inondait tout l'espace,
Je suivais, roidissant mes nerfs comme un héros
Et discutant avec mon âme déjà lasse,
Le faubourg secoué par les lourds tombereaux. »

Qui n'a pas entendu ces bruyants charriots au moment même où vous vous parliez à vous-même ? Un tête-à-tête perturbé par l'agitation citadine...

Et « Les petites vieilles », également offert à Victor Hugo, vous en souvenez-vous ?

« Dans les plis sinueux des vieilles capitales,
Où tout, même l'horreur, tourne aux enchantements,
Je guette, obéissant à mes humeurs fatales,
Des êtres singuliers, décrépits et charmants. »

Ah, je recopierais tous les poèmes de Charles, tant ils me « parlent », ce sont des incitations à errer en ville, des situations urbaines esquissées, des scènes citadines improbables, comme dans « La Fontaine de sang » :

« Il me semble parfois que mon sang coule à flots
(...)
À travers la cité, comme dans un champ clos,
Il s'en va, transformant les pavés en îlots,
Désaltérant la soif de chaque créature,
Et partout colorant en rouge la nature. »

Ou dans « Causerie » :

« Mon cœur est un palais flétri par la cohue ;
On s'y soûle, on s'y tue, on s'y prend aux cheveux (...) »

Et dans « Spleen » que je recopie en entier, pour que l'on puisse quitter Baudelaire, sachant qu'on ne l'oubliera pas de sitôt :

« Quand le ciel bas et lourd pèse comme un couvercle
Sur l'esprit gémissant en proie aux longs ennuis,
Et que de l'horizon embrassant tout le cercle
Il nous verse un jour noir plus triste que les nuits ;

Quand la terre est changée en un cachot humide,
Où l'Espérance, comme une chauve-souris,
S'en va battant les murs de son aile timide
Et se cognant la tête à des plafonds pourris ;

Quand la pluie étalant ses immenses traînées
D'une vaste prison imite les barreaux,
Et qu'un peuple muet d'infâmes araignées
Vient tendre ses filets au fond de nos cerveaux,

Des cloches tout à coup sautent avec furie
Et lancent vers le ciel un affreux hurlement,
Ainsi que des esprits errants et sans patrie
Qui se mettent à geindre opiniâtrement.

– Et de longs corbillards, sans tambours ni musique,
Défilent lentement dans mon âme ; l'Espoir,
Vaincu, pleure, et l'Angoisse atroce, despotique,
Sur mon crâne incliné plante son drapeau noir. »

Lire et relire ces vers, ou bien les écouter admirablement chantés et mis en musique par Léo Ferré, fermer les yeux et les entendre encore, percevoir les rues dans lesquelles ils circulent et métaphoriquement les suivre dans les méandres de notre cerveau, le poète joue sans cesse du dehors et du dedans et ainsi nous perd dans le labyrinthe de notre propre rêverie. Les paysages qu'il dessine sont désolés ou flamboyants, mais à coup sûr, ne s'oublient pas. Ils sont le baromètre de nos humeurs.

On ne dissèque pas un poème. On en le commente pas. On le laisse venir à soi. Baudelaire considère le poète comme un « prophète », un « mage », quelqu'un de doué pour déchiffrer ce qu'il ressent et perçoit. Il doit traduire tous les hiéroglyphes dont se pare la réalité. Il aurait pu se prétendre « voyant », ce qui sera le cas pour Arthur Rimbaud...

Le critique Albert Thibaudet considère que les poèmes de Baudelaire sont « (des) tableaux intérieurs, mise à nu d'une âme dans une grande ville, mise à nu de l'âme d'une grande ville. » Avant de compléter :

« Cette ville, comme l'âme du poète, elle est une durée, une forme invétérée de la vie, une mémoire (...) N'allez pas chercher cette durée dans ses pierres comme un froid archéologue, dans quelque Notre-Dame-de-Paris comme un romantique. C'est *en réalités humaines* qu'elle éclate à l'âme du poète. »

J'éprouve le même sentiment en écoutant certains raps et slams...

Scène 3

Villes tentaculaires et unanimisme

VILLES TENTACULAIRES ET UNANIMISME

Durant tout le XIXe siècle, le capitalisme industriel déménage les territoires avec l'extension du réseau ferré qui transportent les matières premières, la main d'œuvre, les énergies, les marchandises sans se soucier de leur origine. Elles sont délocalisées. Des villes grandissent, d'autres naissent au pied d'une mine, le long d'un fleuve, au bord de l'océan. Le capitalisme voit des trusts puissants se constituer, mettant en péril, la concurrence, tant chérie par les partisans du libre-échange. Les firmes monopolistiques sont fréquemment représentées par des pieuvres, tant par les caricaturistes que dans la presse ouvrière et révolutionnaire. Cette référence à la pieuvre est reprise par Émile Verhaeren, qui fréquente les socialistes. Qui est-il ? C'est un avocat, juriste, né en 1855 en Belgique, il meurt stupidement à Rouen en 1916, ratant la marche d'un train qui démarrait et l'écrase. Il était l'ami de Stefan Zweig, qui rédige sa biographie, mais se séparent lors de la guerre de 1914, Verhaeren dénonce la pacifisme de Zweig et de Romain Rolland et soutient l'effort de guerre contre l'Allemagne.

« Toute notre époque, écrit Zweig, se reflète dans l'œuvre de Verhaeren. Tous ses aspects nouveaux y sont envisagés : les sombres silhouettes des grandes villes, la tempête menaçante des foules populaires, les mines avec leurs puits, les cloîtres silencieux qui meurent dans l'ombre lourde. Il n'est pas aujourd'hui de force spirituelle qui chez lui ne soit devenue poème : l'idéologie, les conceptions sociale subversives, la lutte sans merci de l'industrie et de l'agriculture, la puissance démonique qui tire les hommes hors des saines campagnes pour les jeter aux agitations brûlantes des grandes cités. Tout le tragique de l'émigration, les crises financières, les conquêtes éblouissantes de la science, les conclusions de la philosophie, les acquisitions des arts et des métiers jusqu'à la théorie impressionniste de la couleur. Toutes les manifestations de l'activité moderne se reflètent dans l'œuvre de Verhaeren. »

Son œuvre, justement, comprend trois époques : une première qui est marquée par le symbolisme (*Les Soirs*, 1888 ; *les Débâcles*, 1888 et *Les*

Flambeaux noirs, 1891) ; une deuxième par son engagement politique, avec la « trilogie sociale » (*Les Campagnes hallucinées*, 1893 ; *Les Villes tentaculaires*, 1895 et *Les Aubes*, 1898) ; une troisième, axée sur les villes et les progrès qu'elles provoquent (*Les Visages de la vie*, 1899 ; *Les Forces tumultueuses*, 1902 ; *La Multiple splendeur*, 1906 ; *Les Rythmes souverains*, 1910 et *Les Flammes hautes*, 1917).

Jeune, il se rend fréquemment à Londres, dont il explore tous les quartiers, de jour comme de nuit. Il est fasciné par cette capitale-monde, où se mélangent les peuples, les langues, les produits exotiques, les manières de vivre... On trouve tout dans cette énorme agglomération qui respire au rythme des pulsations du capitalisme et de la colonisation. Ne prétend-on pas, que le soleil ne se couche jamais sur l'empire britannique ? Londres affiche, avec fierté, sa place de première mégapole mondiale avec ses entrepôts, ses docks, ses gares, ses marchés, ses usines, etc. Tout individu qui entre dans ce gigantesque organisme urbain ne s'appartient plus, il fait corps avec, pour le pire comme pour le meilleur. C'est en cette fin de siècle que la poésie de Walt Whitman, fou de New York et des progrès techniques, est traduite et séduit les littérateurs belges et français. Verhaeren, fils d'industriel, s'enthousiasme pour les idéaux socialistes, il ne sépare pas le mouvement du capital, avec la production mécanique, du mouvement social, avec ses grèves, ses revendications et ses espérances... C'est toute la société qui se met à l'heure des valeurs urbaines, elle est entièrement chamboulée au point où les campagnes deviennent « hallucinées » et les villes « tentaculaires » !

Le recueil *Les campagnes hallucinées* s'ouvre par un poème intitulé « La ville », en voici les premières strophes :

« Tous les chemins vont vers la ville.
(...)

Là-bas,
Ce sont des ponts musclés de fer,
Lancés, par bonds, à travers l'air ;
Ce sont des blocs et des colonnes
Que décorent Sphinx et Gorgones ;
Ce sont des tours sur des faubourgs ;

Ce sont des millions de toits
Dressant au ciel leurs angles droits :
C'est la ville tentaculaire,
Debout,
Au bout des plaines et des domaines. »

Plus loin, mais toujours haletante, la poésie poursuit son exploration :

« Et tout là-bas, passent chevaux et roues,
Filent les trains, vole l'effort,
Jusqu'aux gares, dressant, telles des proues
Immobiles, de mille en mille, un fronton d'or.
Des rails ramifiés y descendent sous terre
Comme en des puits et des cratères
Pour reparaître au loin en réseaux clairs d'éclairs
Dans le vacarme et la poussière.
C'est la ville tentaculaire. »

Il dresse alors le décor de la ville, avec ses rues, son agitation permanente :

« Le long du fleuve, une lumière ouatée,
Trouble et lourde, comme un haillon qui brûle,
De réverbère en réverbère se recule.
La vie avec des flots d'alcool est fermentée.
Les bars ouvrent sur les trottoirs
Leurs tabernacles de miroirs
Où se mirent l'ivresse et la bataille ;
Une aveugle s'appuie à la muraille
Et vend de la lumière, en des boîtes d'un sou ;
La débauche et le vol s'accouplent en leur trou ;
La brume immense et rousse
Parfois jusqu'à la mer recule et se retrousse
Et c'est alors comme un grand cri jeté
Vers le soleil et sa clarté :
Places, bazars, gares, marchés,
Exaspèrent si fort leur vaste turbulence
Que les mourants cherchent en vain le moment de silence
Qu'il faut aux yeux pour se fermer. »

Une telle description ne peut que séduire le chemineau dans l'impossibilité de survivre dans sa campagne dévastée et se trouve attiré, sans pouvoir lui résister, par la ville...

« C'est la ville tentaculaire,
La pieuvre ardente et l'ossuaire
Et la carcasse solennelle.

Et les chemins d'ici s'en vont à l'infini
Vers elle. »

Les poèmes de ce recueil alternent des thèmes (« Pèlerinage », « Les fièvres », « Le péché », « La kermesse », etc.) avec la « Chanson du fou » dans des versions successives, le tout révélant la situation désespérée des campagnes. Le ton est donné avec « La Plaine », qui annonce « Le plat pays » de Jacques Brel et qui introduit le volume :

« C'est la plaine, la plaine
Immensément, à perdre haleine,
Où circulent, dans les ornières,
Parmi l'identité
Des champs du deuil et de la pauvreté
Les désespoirs et les misères ;
C'est la plaine, la plaine. »

La Belgique est un pays industriel riche qui exporte ses machines-outils un peu partout dans le monde, le baron Empain construit Héliopolois au nord du Caire, l'Art Nouveau se répand majestueusement dans la plupart des capitales occidentales, jusqu'à Istanbul... Anvers, Charleroi, Liège, Bruxelles, sont des villes renommées, de même que Bruges, Gand ou Louvain. Georges Rodenbach publie en 1892 *Bruges-la-morte*, un roman illustré de photographies et de dessins. Originalité qu'il convient de saluer. C'est aussi là, que figure, certainement pour la première fois, l'expression « paysage urbain ». Baudelaire parle de « tableaux parisiens », mais pas de « paysage urbain », qu'il révèle pourtant. Ce roman raconte une drôle d'histoire d'amour qui va régaler les psychanalystes – il en existe plusieurs interprétations – : un amoureux perd son amoureuse, momifie le corps de sa bien aimée et vient régulièrement caresser sa chevelure. Bruges-la-morte établit une analogie entre ce corps de femme aimée et le corps de la ville où l'homme désolé aime se perdre afin de pleurer. Réfugié en Belgique, Gustave Kahn, inventeur du « vers libre », y rédige *L'Esthétique de la rue*, qui sortira en 1900 à Paris. C'est un remarquable ouvrage sur la géohistoire de la rue et plus généralement sur les ambiances urbaines. Je considère ce livre comme le premier traité d'« urbanisme » paru en France, dix ans avant l'entrée en scène du mot. Verhaeren participe pleinement à tout ce mouvement créatif urbain. Le poème qui ouvre *Les Villes tentaculaires*, on pourrait s'en douter s'intitule : « La Plaine ». Ainsi les deux recueils sont liés et trouvent dans le troisième, *Les Aubes*, leur aboutissement. La dernière strophe de ce poème qui assure la transition entre les deux premiers recueils est la suivante, avec un incontestable accent baudelairien :

« Hélas, la plaine, hélas ! elle est finie !
Et ses clochers sont morts et ses moulins perclus.
La plaine, hélas ! elle a toussé son agonie
Dans les derniers hoquets d'un angelus. »

Le recueil est particulièrement bien structuré en une sorte de visite guidée de la ville, on se rend successivement dans les cathédrales, le port, les usines, la bourse, le bazar, le musée, tout en admirant des « statues » (d'un moine, d'un soldat et d'un bourgeois) et en découvrant « l'âme de la ville », « la révolte » qu'elle contient, « les idées » qui l'animent. Tous les cinq sens sont présents (l'ouïe, la vue, le toucher, l'odorat et le goût), les spectacles envahissent les rues, les passants communient en la même admiration pour une ville kaléidoscopique. L'auteur positive la grande ville, sans dissimuler les divers trafics peu glorieux - la prostitution, l'alcoolisme, la désespérance pour celles et ceux qui sont venus confiants s'y perdre -, qu'elle abrite dans ses plis... La ville est unique, elle génère une civilisation cosmopolite, annonce une Babel heureuse, autorise la colère pour plus de justice sociale, voire même la révolte sanguinaire... C'est un nouveau monde qui se dessine avec l'extension urbaine à l'échelle planétaire. Il en perçoit davantage encore les qualités en quittant Bruxelles pour s'installer à Paris, dès 1899 (en fait il résidera à Meudon), stimulé par l'Exposition universelle de 1900 qui regorge de « nouveautés » (le métro, le cinématographe, le trottoir roulant, l'électricité...) et le rassure sur l'avenir. Il est alors convaincu que de ces « villes tentaculaires » sortira victorieuse une Humanité solidaire et fraternelle. Il adhère, sans réserve, à la colonisation qui « éduque les peuples mineurs » et contribue à cette pacification mondiale à laquelle il aspire. Dans « Vers le futur », texte qu'il ajoute en conclusion de la réédition de 1904, l'on peut lire :

> « Et c'est vous, les villes
> (...)
> Qui concentre en vous assez d'humanité,
> Assez de force rouge et de neuve clarté,
> Pour enflammer de fièvre et de rages fécondes
> Les cervelles patientes ou violentes
> De ceux
> Qui découvrent la règle et résument
> Le monde. »

Pour lui, la machine contribue au bonheur de tous, le collectif manifeste une force bénéfique à toute la société, sans pour autant oublier la question sociale qui le préoccupe toujours, il croit en une révolution correctrice des iniquités, encore trop importantes, qui écrasent les plus démunis et enrichissent une poignée de nantis... Il invente des substantifs, par exemple, un bourdon sonne avec « mordacité », les arbres ont des « feuillaisons », il évoque le « gyroiement » des ailes d'un moulin, etc. Il crée des verbes, comme le constate Edmond Estève : « (...) la vigne « ascende » les murs ; la cloche « vacarme » des funérailles ; les moines « pélerinent », les vieilles « béquillent », les cloches « tocsinnent » ; les champs « s'illimitent » ; les contours « s'indéfinisent »... Il n'hésite pas à écrire « indiscontinûment » qui n'est pas très aérien ! Tout comme il utilise l'adjectif « novembral », évoque un vol « émeraudé » d'insectes, un soir « tourbillonnaire », un éclat « diamantaire », une flamme « virgulante »... Il est lu et admiré par Jules Romains, Tommaso Marinetti, les membres de l'Abbaye de Créteil et quelques autres poètes unanimistes qui joueront sur les mots, leurs consonnances, leur proximité lexicale... Ils ne seront pas les seuls à revenir à la philosophie des *Chants modernes* de Maxime Du Camp, ainsi, par exemple, Arthur Cravan, poète et boxeur, fondateur du « Machinisme », rêve de New York, en 1912 , dans *Maintenant, revue littéraire* :

« New York !
New York ! Je voudrais t'habiter !
J'y vois la science qui se marie
À l'industrie,
Dans une audacieuse modernité. »

Et l'année suivante, toujours dans sa revue, il avoue :

« Je voudrais être à Vienne et à Calcutta,
Prendre tous les trains et tous les navires,
Forniquer toutes les femmes et bâfrer tous les plats. »

La machine et la vitesse caractérisent cette nouvelle époque anticipée par les romans de Jules Verne, Herbert George Wells, Maurice Renard, Albert Robida, Emilio Salgari, etc. Paul Adan dans son roman « utopique » *Les Lettres de Malaisie* (rééditée sous le titre *La Cité prochaine*) publié en 1908 décrit la grande « fête de la Locomotion », les usines sont télécommandées, la sexualité est encadrée (une orgie par semaine !), l'abondance règne...

C'est ce même Paul Adam qui prononce le discours de lancement de l'Abbaye de Créteil à l'automne 1906. Comme quoi le « milieu littéraire » n'est pas si vaste qu'on le prétend. Charles Vildrac (1882-1971), fils d'un Communard et d'une institutrice à l'idée de constituer avec une poignée d'ami-e-s, une sorte de communauté où le travail intellectuel (la création) et la travail manuel (l'entretien d'un domaine et l'activité d'imprimeur) se combineraient joyeusement. Il est ami d'un étudiant en médecine, Georges Duhamel (1884-1966), qui s'essaie à la poésie avant de devenir un romancier particulièrement prolixe. Vildrac épouse Rose, la sœur de George Duhamel, qui publiera en 1907, *Des Légendes, des Batailles*, et se marie avec la comédienne Blanche Albane (1886-1975), rencontrée dans ce phalanstère. Il relate cette expérience communautaire dans *Le Désert de Bièvres*, un des dix volumes de la *Chronique des Pasquier*. René Arcos (1888-1950), poète, fait aussi partie de la bande, plus tard il fonde les éditions du Sablier, à Genève et la revue *Europe* avec Romain Rolland. Sont également sollicités, Lucien Linard (1881-1914) imprimeur, qui sera tué au début de la Grande Guerre, Jacques d'Otémar (1881-1952), graphiste et

Albert Gleizes (1881-1953), peintre, co-auteur en 1912, avec Jean Metzinger de l'essai, *Du Cubisme*. Ils louent à Créteil, rue du Moulin, une grande batisse avec un parc boissé de plus d'un hectare et s'y installent. Créteil est relié à Paris par un tramway, aussi de nombreux jeunes artistes se rendent aux soirées organisées à l'Abbaye, comme Jules Romains, mais aussi Pierre Jean Jouve, Léon Balzagette, Alfred Jarry, Jean-Richard Bloch ou encore Georges Chennevière, Ricciotto Canudo, avant qu'il ne sacre le cinématographe de « septième art » en 1919 et Cécile Périn (1877-1959), une des rares femmes poètes admise dans ce cercle littéraire, elle publie en 1906, *Vivre*, recueil suivi par beaucoup d'autres... L'Abbaye accueille des expositions et une maison d'éditions, qui publie principalement de la poésie. L'expérence tourne court en 1908, le « modèle économique » n'assure pas la vie d'un tel groupe, chacun poursuit alors son chemin, sans pour autant cesser de se voir. Au cours des quatorze mois d'activités, l'Abbaye de Créteil fabriqua une vingtaine d'ouvrages, dont seulement quelques-uns y furent imprimés. Parmi ces réalisations, l'on trouve bien sût les recueils des fondateurs (Arcos, Duhamel, Mercereau, Vildrac) et des ouvrages de Paul Adam, Robert de Montesquiou, Valentine de Saint-Point, Pïerre-Jean Jouve, Jules Romains, Gaston Sauvebois... Si l'on parle encore de l'Abbaye de Créteil, c'est principalement grâce à Louis Henri Jean Farigoule (1885-1972), normalien, agrégé de philosophie, auteur d'une thèse sur l'optique (*La vision extra-rétinienne et le sens paroptique. Recherches de psycho-physiologie expérimentale et de physiologie histologique*, rédigée en 1919). Ce jeune homme constate que tout se lit dans la ville : le nom des rues, les enseignes des boutiques, les menus des restaurants, les affiches des théâtres, les tracs distribués par les hommes-sandwichs, les arrêts du métropolitain, etc. Il adopte le pseudonyme de Jules Romains lorsqu'il publie une plaquette avec ses premiers vers, *L'Âme des hommes*, en 1904, avec un long poème, « La ville consciente », qui annonce la réalisation d'une ville comme un collectif d'humains vibrant ensemble. En avril 1905, dans un article de la revue *Penseur*, il forge le mot « unanimisme », pour montrer « l'influence continuelle, progressive, tyrannique qu'exerce la société sur nous. » En novembre, dans la *Revue Littéraire de Paris et de Champagne*, il écrit : « Aujourd'hui, un duel nouveau met aux prises une forme de destin et une forme de volonté. La vie unanime (...) absorbe, annihile l'individu, qui tantôt s'abandonne et tantôt se débat. L'individu gardera-t-il son moi, arrachera-t-il sa conscience à la conscience dévorante de la ville ? Il se livre là une bataille formidable, pleine de tragiques vicissitudes. Les rocs qui écrasaient Prométhée n'étaient ni plus irrésistibles, ni plus lourds que la vie unanime sur la vie individuelle. » *La Vie unanime*, qui n'est qu'un seul poème, parait en 1908, aux éditions de l'Abbaye. Jules Romains, vingt-trois ans, l'adresse à diverses personnalités du monde intellectuel comme Émile Durkheim, Gustave Le Bon, Henri Bergson, qui tous le remercie chaleureusement. Il est perçu comme un « sociologue » des villes et de la foule. Plus tard, Célestin Bouglé, en 1935 lui attribue le titre de « poète de la sociologie ». Le sociologue Maurice Halbwachs apprécie *Les Hommes de bonne volonté* (vingt-sept volumes rédigés entre 1932 et 1947) tout comme plus tard avec le géographe Marcel Roncayolo. Quant aux revues littéraires, elles firent bon accueil à cet ouvrage atypique qui, non seulement, ambitionnait de renouveler la poésie, mais aussi, d'illustrer « l'unanimisme ».

Ouvrons le recueil :

« Qu'est-ce qui transforme ainsi le boulevard ?
L'allure des passants n'est presque pas physique ;
Ce ne sont plus des mouvements, ce sont des rythmes,
Et je n'ai plus besoin de mes yeux pour voir. »

Plus loin, l'osmose entre la ville et l'individu s'effectue :

« Mon corps est le frémissement de la cité.
(...)
Je suis un peu d'unanime qui s'attendrit.
Je ne sens rien, sinon que la rue est réelle,
Et que je suis très sûr d'être pensé par elle. »

En refeuilletant *La Vie unanime*, je retrouve des passages que jadis j'avais soulignés, et que je recopie...

« La ville va bouger, ce matin.
Elle va s'arracher à la terre,
Déraciner ses fondations,
Les dépêtrer de la glaise grasse (...) »

« La ville tâtonne, s'obstine ;
Elle réussit à lier
Les corps en masses plus compactes,
D'où montent des touffes d'idées
Qui ont la corolle plus larges
Que les idées quotidiennes.
(...)
Elle pense comme elle peut. »
(...)
« La ville ne s'amasse plus
En flaques d'âme qui clapotent
Et que rejoignent des rigoles. »
(...)
« Toute la ville est une musique de foule. »
(...)
« la grande ville s'évapore,
Elle pleut à verse sur la plaine
Qu'elle sature ;
La campagne alentour n'est plus
Que de la ville diluée
Dans la nature. »
(...)
« L'âme a péri dans l'homme et renaît dans le groupe
Plus robuste qu'avant ;
Elle serre comme une croûte entre ses dents
Une seule idée. »
(...)
« Je m'ennuyais tant d'être seul en moi ;
Maintenant je suis une multitude ;
Et tout cela parle et chante à la fois,
Et les cris d'enfants mêmés aux voix rudes
Se fondent en bonheur tumultueux »
(...)
« De maisons ; les passants, les chevaux, les voitures
Se rejoignent entre eux et rejoignent mon corps ;
Nous sommes indistincts : chacun de nous est mort ;
Et la vie unanime est notre sépulture. »

La plupart des membres de l'Abbaye de Créteil adhère à l'unanimisme, comme en témoignent leurs écrits :

Georges Chennevière :

« Elle (la foule) m'est fraternelle, et puis ne cherchons pas
La vérité trop loin des hommes.
Ceux qui sont dehors à cette heure
Ne cherchent pas la vérité : ils en font une.
Je ne leur manquais pas. Mais c'étaient eux qui me manquaient. »

Pierre Jean Jouve :

« Je suis parmi tout ce qui vit et qui se tient
Chaudement d'une rive à l'autre, ce matin.
Je suis longuement de tous les côtés,
En dehors de moi, mais à même moi,
Dans celui qui marche et celui qui nage,
Dans une voiture, et dans la fenêtre
Où l'on voit dormir un édredon rouge... »
Georges Duhamel :

« Vous qui êtes mes compagnons,
Les figures que j'aperçois parmi la foule,
Sachez qu'en vous je me salue,
En vous qui me portez toujours. »

Charles Vildrac :

« En demeurant et en devisant avec chacun,
Quand ils (sont) bien eux, quand ils (sont) bien seuls... »

Plus de classes sociales, seulement des individus qui s'unissent en une communauté humaine fraternelle, sans écraser pour autant la singularité des « cellules » qui la composent. Le « Je est un autre » d'Arthur Rimbaud se transforme en un « Je est les autres »... Dans ce processus de fusion des individualités en une seule société, le résultat prend la forme de la Ville. Une Ville idéalisée, expression d'une modernité émancipatrice... La Ville poétisée est trépidante, mécanique, technologique, elle provoque le simultanéisme, le futurisme, le constructivisme et oublie le romantisme et le symbolisme, trop chargés des sensibleries. C'est la Ville de la nouveauté perpétuelle... Un des participants assidus aux soirées de Créteil, Tommaso Filippo Marinetti (1876-1944) est impatient de secouer les vieilleries poétiques attachées aux sentiments guindés et aux références historiques obligatoires qu'impose une culture datée et statique. Il est né à Alexandrie, où il a passé son enfance, lisant abondamment en plusieurs langues et jouant du piano. Son père, avocat d'affaires, revient à Milan, ville industrielle, et inscrit son fils à la Sorbonne, avant d'étudier le droit à l'université de Gênes, où il obtient un doctorat en 1899. Il apprécie Baudelaire, Mallarmé, Maeterlinck, Verhaeren et Whitman, qu'il cite toujours élogieusement. En 1902 sort son premier recueil de vers, *La Conquête des étoiles*, on peut y lire :

« Mort aux Étoiles ! Mort aux courtisanes
Lubriques qui nous harcèlent de leurs regards
de pourriture, par la fente humide
de leurs paupières mi-closes et pareilles à des vulves ! »

Deux ans plus tard, il publie *Destruction*, où je repère le poème au titre annonciateur du futur futurisme, « Le Démon de la vitesse » :

« O plaines molles du passé, trempées de larmes,
hantées par les fantômes voûtés du souvenir
je vous enjambe, sur mon train empanaché d'orgueil ! »

Son écriture devient combative, hardiment il part à l'attaque de tout académisme, colorie ses propos de ses souvenirs égyptiens, exalte les machines, adore l'automobile qui exprime la vitesse. En juin 1908, au volant d'une Fiat quatre cylindres, il a un accident dans la banlieue de Milan et en sort, miraculeusement, vivant. Paradoxalement cet événement, qui aurait pu être tragique, le désinhibe. Il n'oublie pas la mort de son frère en 1894, celle de sa mère en 1902 et celle de son père en 1907, ce sont elles qui l'incitent à rédiger *Marfaka le futuriste, roman africain*, qu'il ne publiera qu'en 1910 et à rompre avec un déterminisme social (il est un très riche héritier) et familial (il est seul). En ancrant son destin dans le futur, il rompt avec le passé. Toute la culture, observe-t-il, s'alimente des morts, ceux-ci « s'emparent des vivants », il faut sortir des cimetières et miser sur les vivants, sur ce qui advient, ce qui germe, pousse, croît, d'où sa passion pour l'énergie, la virilité, la guerre.

En 1908, dans *La Ville charnelle*, il revendique le tohu-bohu propre aux cités modernes qui magnifient les progrès techniques. La Ville dynamise ses habitants et les confronte à d'innombrables sollicitations. La première strophe donne le ton :

> « Pour dompter les simouns enfantés par l'enfer
> Qui trouent, d'un geste fou, leur grand manteau de sable,`
> J'ai couru, j'ai bondi, avec l'incalculable
> Vitesse d'un rayon ricochant sur les flots. »

Curieux recueil encombré de clichés, de qualificatifs attendus, de formules ampoulées, d'un lyrisme ronflant, où percent, néanmoins, les prémices d'une radicalité qu'énonce l'auteur dans le célèbre *Manifeste du futurisme* publié le 20 février 1909 dans *Le Figaro*, après être paru en italien.

> « Nous chanterons les grandes foules agitées par le travail, le plaisir ou la révolte, proclame avec solennité Marinetti ; les ressacs multicolores et polyphoniques des révolutions dans les capitales modernes ; la vibration nocturne des arsenaux et des chantiers sous leurs violentes lunes électriques ; les gares gloutonnes avaleuses de serpents qui fument ; les usines suspendues aux nuages par les ficelles de leurs fumées ; les ponts aux bonds de gymnastes lancés sur la coutellerie diabolique des fleuves ensoleillés ; les paquebots aventureux flairant l'horizon ; les locomotives au grand poitrail, qui piaffent sur les rails, tels d'énormes chevaux d'acier bridés de longs tuyaux, et le vol glissant des aéroplanes, dont l'hélice a des claquement de drapeau et des applaudissements de foule enthousiaste. »

En 1911, dans *Le Futurisme*, il affirme : « Nous préparons la création de l'*homme mécanique aux parties remplaçables*. Nous le délivrerons de l'idée de la mort, et partant de la mort elle-même, cette suprême définition de l'intelligence logique. » Cette négation de tout patrimoine le conduit aussi bien à considérer qu'une automobile rugissante est plus belle que la *Victoire de Samothrace*, qu'à régler les problèmes économiques de l'Italie en vendant ses œuvres d'art des musées, qu'à détruire les bibliothèques, qu'à reconnaitre l'inutilité du pape et l'incompétence des critiques et des universitaires, tous passéistes. On retrouve là sa volonté de tout détruire. Il est vrai que pour Marinetti, « Rien n'est plus beau que l'échafaudage d'une maison en construction ». La force est recommandée, le danger promet le vertige, la vitalité assure la bonne santé, « aujourd'hui, seul est intéressant », affirme Marinetti, et ce « aujourd'hui » déborde de machines, d'automates, d'engrenages, ces machines sont de plus en plus belles, en attendant de devenir prochainement sensibles... Avec elles, toute la vie est électrifiée, stimulée, propulsée, démultipliée... C'est avec intensité que toute invention révèle ses intentions et appelle de nouvelles formes esthétiques, le télégraphe, le téléphone, le train, le vélo, l'auto, l'avion, le cinéma, la presse, jouent sur la comportement de chacun et sur sa mentalité, qu'il soit paysan ou ingénieur, rural ou urbain, tout Terrien appartient dorénavant au monde moderne, tissé de technologies, traversés de mille et un flux. L'efficacité, la productivité, la rentabilité, la simultanéité, l'instantanéité, la vélocité, etc., voilà les nouvelles valeurs ! Marinetti, dans *Le Futurisme*, prophétise : « Nous préparons ainsi l'ubiquité de l'homme multiplié. Nous arriverons ainsi à l'abolition de l'année, du jour et de l'heure. » Il sait aussi qu'une telle orientation s'accompagnera d'un nouveau langage, saccadé, télégraphique, rapide, avec des onomatopées, des contractions verbales, des formules chocs, bref, une langue épurée, opérante, jaillissante...

Le point 9 du *Manifeste* stipule :

« Nous voulons glorifier la guerre – seule hygiène du monde – le militarisme, le patriotisme, le geste destructeur des anarchistes, les belles Idées qui tuent, et le mépris de la femme. »

L'amour gnangan est détesté, trop sentimental ! La sexualité relève plus de l'acte physique que du romantisme ! La femme futuriste doit stimuler l'héroïsme de l'homme et se donner aux plus virils d'entre eux, aux plus courageux et déterminés. Valentine de Saint-Point (1875-1957) rédige son *Manifeste de la femme futuriste* en 1912, qui attend de la femme d'être brave, cruelle et virile, une « Surfemme ». Elle dénonce le féminisme :

« Le féminisme est une erreur politique. Le féminisme est une erreur cérébrale de la femme, erreur que reconnaîtra son instinct.

Il ne faut donner à la femme aucun des droits réclamés par les féministes. Les lui accorder n'amènerait aucun des désordres souhaités par les Futuristes, mais au contraire un excès d'ordre. »

Le « féminisme socialisant » recherche l'égalité entre les femmes et les hommes dans les usines, mais est-ce que la libération de la femme est de devenir une ouvrière ?

L'année suivante elle explique en quoi la luxure est préférable à la sentimentalité : « détruisons les sinistres guenilles romantiques, marguerites effeuillée, duos sous la lune, fausses pudeurs hypocrites ! » N'étant pas à une contradiction près, Valentine de Saint-Point, compte sur des femmes guerrières, tout en acceptant le viol des femmes du pays conquis ! Sa vie personnelle plaide en faveur d'une totale liberté, elle choisit ses amours, ne se soumet à aucun « maître », vit en concubinage avec Ricciotto Canudo, avant de se convertir à l'islam en 1918 (elle prend le nom de Rawhiya Nour-el-Dine, soit « Lumière spirituelle de la religion ») et à s'installer en Égypte en 1924, où elle meurt, isolée et misérable, après avoir dénoncé la colonisation occidentale et soutenu le nationalisme arabe. Son existence s'oppose à la misogynie que le futurisme cultive à la suite des propos sexistes de Lacerba, Papini, Tavolato... Marinetti a le sens de la formule et ses phrases-slogans radicalisent souvent sa propre pensée. Néanmoins, son rapport à l'autorité masculine et patriarcale demeure intacte, aussi il adhère au parti de Mussolini en 1919 et signe le *Manifeste des intellectuels fascistes* en 1925, participe à la guerre d'Éthiopie en 1935, qui lui inspire *Esthétique futuriste de la guerre* que Walter Benjamin critique. En 1942, il part volontairement sur le front russe et meurt deux ans plus tard. Son œuvre mérite un regard critique, son incroyable talent de propagandiste et de provocateur aussi. Son biographe Giovanni Lista a raison de refuser de le condamner abruptement comme « fasciste » sans prendre le temps de questionner les grands thèmes de ses écrits et de ses actions, qui sont aussi celles de son époque... Le futurisme ne concerne pas que les mots, mais aussi la peinture, la sculpture, la musique, le théâtre, le cinéma, la radio, la publicité, qui se voient enrichis de tentatives de polyphonies transartistiques, de synthèse des arts plastiques, d'entremêlements dynamiques de la réalité et de l'imaginaire, de jeux entre le moteur et le corps, d'expérimentations incongrues... Le futurisme dit « italien » va essaimer un peu partout en Europe et en Russie et flirter avec d'autres « ismes », comme le simultanéisme.

En évoquant le simultanéisme, comment ne pas mentionner Blaise Cendrars et *La prose du transsibérien et de la petite Jehanne de France*, illustré par Sonia Delaunay, publié en 1913, et tiré à 150 exemplaires ? Cendrars y écrit :

« Les fenêtres de ma poésie sont grand'ouvertent sur les boulevards
Et dans ses vitrines
Brillent
Les pierreries de lumière
...
Tout est taches de couleur
Et les chapeaux des femmes qui passent sont des comètes dans
L'incendie du soir. »

Et aussi Robert Delaunay qui conforte le simultanéisme dans la peinture... Mais aussi, les poètes Henri-Martin Barzun, Nicolas Beauduin, qui souscrivent à la gloire de la vitesse, de la Grande Ville, des machines... et qui mériteraient d'être redécouverts.

Tous ces auteurs vont trouver chez Guillaume Apollinaire (1880-1918) un unificateur inventif, non seulement il met en relation des poètes et des artistes, invente les mots « cubisme » (1910) et « surréalisme » (1918), prône « L'Esprit nouveau » (1918), prend parti pour le Simultanéisme (« La simultanéité des états d'âme dans l'œuvre d'art : voilà le but enivrant de notre art », écrit-il dans *Paris-Journal*, le 6 février 1912), tout en se méfiant des « ismes », utilise des raccourcis que le style télégraphique encourage. Certainement influencé par Marinetti, Apollinaire use de mots nouveaux : aviateurs, avions, aéroplane, automobiles, hangars, sténo-dactylographes (il a suivi une formation en sténographie), prospectus, affiches, tour Eiffel..., dans son poème, initialement titré « Cri » et devenu « Zone ». D'autres spécialistes d'Apollinaire notent la ressemblance avec « Les Pâques » de Cendrars. Examinant les brouillons successifs, ils constatent que certains vers trop proches sont supprimés, pour en conclure que le texte d'Apollinaire est finalement bien original et que le suspecter de plagiat serait absurde. On sait par des témoins que Cendrars a lu son poème, chez les Delaunay, en 1912, devant Apollinaire et que ce dernier a publié son texte, certes, peu après, mais l'ayant, préalablement lu à Picabia et Duchamp en octobre 1912. Nous savons aussi que le recueil, dans lequel figure « Zone », devait s'appeler « Eau de vie » et que Cendrars a convaincu Apollinaire de choisir « Alcools », publié en 1913. Quoiqu'il en soit, c'est un poème triste, Marie Laurencin a rompu avec Guillaume, qui dépité, ne sait que faire de sa vie. Ce poème autobiographique ne dissimule pas les états d'âme du poète, même s'il peut s'en abstraire un moment pour évoquer les voyages passés, les villes aimées, l'époque qui change, ainsi que le précisent les premiers vers, largement « futuristes », sans oublier l'absence de ponctuation (il les supprimera sur les épreuves), ce qui est nouveau chez ce poète, qui renie le passé :

« À la fin tu es las de ce monde ancien
Bergère ô tour Eiffel le troupeau des ponts bêle ce matin
Tu en as assez de vivre dans l'antiquité grecque et romaine
Ici même les automobiles ont l'air d'être anciennes
La religion seule est restée toute neuve la religion
Est restée simple comme les hangars de Port-Aviation. »

Il nous entraine dans la ville :

« J'ai vu ce matin une jolie rue dont j'ai oublié le nom
Neuve et propre du soleil elle était le clairon
Les directeurs les ouvriers et les belles sténodactylographes
Du lundi matin au samedi soir quatre fois par jour y passent
Le matin par trois fois la sirène y gémit
Une cloche rageuse y aboie vers midi
Les inscriptions des enseignes et des murailles
Les plaques les avis à la façon des perroquets criaillent
J'aime la grâce de cette rue industrielle
Située à Paris entre la rue Aumont-Thiéville et l'avenue des Ternes. »

Le poéte-piéton se sent bien seul dans la grande ville :

« Maintenant tu marches dans Paris tout seul parmi la foule
Des troupeaux d'autobus mugissants près de toi roulent
L'angoisse de l'amour te serre le gosier
Comme si tu ne devais jamais plus être aimé
Si tu vivais dans l'ancien temps tu entrerais dans un monastère
Vous avez honte quand vous vous surprenez à dire une prière

Tu te moques de toi et comme le feu de l'Enfer ton rire pétille
Les étincelles de ton rire dorent le fond de ta vie
C'est un tableau pendu dans un sombre musée
Et quelquefois tu vas la regarder de près. »

Il se remémore toutes les villes qu'il a parcouru :

« Te voici à Marseille au milieu des pastèques

Te voici à Coblence à l'hôtel du Géant

Te voici à Rome assis sous un néflier du Japon

Te voici à Amsterdam avec une jeune fille que tu trouves belle et qui est laide
Elle doit se marier avec un étudiant de Leyde
On y loue des chambres en latin Cubicula locanda
Je me souviens j'y ai passé trois jours et autant à Gouda

Tu es à Paris chez le juge d'instruction
Comme un criminel on te met en état d'arrestation. »

Il plaint les migrants dont l'espoir d'une vie meilleure s'accroche aux attraits de la ville, dont ils seront déçus, elle est une loterie sans véritables gagnants :

« Tu regardes les yeux pleins de larmes ces pauvres émigrants
Ils croient en Dieu ils prient les femmes allaitent les enfants
Ils emplissent de leur odeur le hall de la gare Saint-Lazare
Ils ont foi dans leur étoile comme les rois-mages
Ils espèrent gagner de l'argent dans l'Argentine
Et revenir dans leur pays après avoir fait fortune
Une famille transporte un édredon rouge comme vous transportez votre cœur
Cet édredon et nos rêves sont aussi irréels
Quelques-uns de ces émigrants restent ici et se logent
Rue des Rosiers ou rue des Écouffes dans des bouges
Je les ai vu souvent le soir ils prennent l'air dans la rue
Et se déplacent rarement comme les pièces aux échecs

Il y a surtout des juifs leurs femmes portent perruque
Elles restent assises exsangues au fond des boutiques. »

Il n'y a rien d'autre à faire, que marcher, croiser des partenaires de misère dans des lieux déglingués et croire tant bien que mal...

« Tu es debout devant le zinc d'un bar crapuleux
Tu prends un café à deux sous parmi les malheureux

Tu es la nuit dans un grand restaurant

Ces femmes ne sont pas méchantes elles ont des soucis cependant
Toutes même la plus laide a fait souffrir son amant

Elle est la fille d'un sergent de ville de Jersey

Ses mains que je n'avais pas vues sont dures et gercées

J'ai une pitié immense pour les coutures de son ventre

J'humilie maintenant à une pauvre fille au rire horrible ma bou-
che

Tu es seul le matin va venir
Les laitiers font tinter leurs bidons dans les rues

La nuit s'éloigne ainsi qu'une belle Métive
C'est Ferdine la fausse ou Léa l'attentive

Et tu bois cet alcool brûlant comme ta vie
Ta vie que tu bois comme une eau-de-vie

Tu marches vers Auteuil tu veux aller chez toi à pied
Dormir parmi tes fétiches d'Océanie et de Guinée
Ils sont des Christ d'une autre forme et d'une autre croyance
Ce sont les Christ inférieurs des obscures espérances

Adieu Adieu

Soleil coupé. »

Pascal Pia dans sa présentation de l'œuvre de Guillaume Apollinaire estime que ce soudain appel à la foi est circonstanciel et correspond à une profonde mélancolie. Quelles sont les influences d'Apollinaire ? Il a fréquenté l'Abbaye de Créteil, a été très lié aux peintres du « Bateau Lavoir », aux premiers cubistes et à Robert Delaunay, il apprécie Max Jacob et André Salmon, et tout comme Marinetti, il considère que le cinématographe est « le livre vu et entendu de l'avenir », il a du reste rédigé un scénario, *La Bréhatine*, avec André Billy, à la demande d'un producteur... « Zone » s'avère cinématographique, avec des plans fixes et des travellings. Lui-même est filmé en compagnie d'André Rouvreyre, en 1914. Si l'on plonge dans ses nombreux poèmes, nous baignons dans des villes, souvenez-vous de « La Chanson du mal aimé », du « Pont Mirabeau », de « Vendémiaire », tous s'évertuent à peindre des paysages urbains. Lisez-les à haute voix, ne sont-ce pas ses slams ? Il meurt de la grippe espagnole en novembre 1918. Le 13, lors de son enterrement, son cortège en croise un autre qui scande « Mort à Guillaume ! Mort à Guillaume ! » Le poète ou l'Empereur ? Surréaliste, non ?

Entracte

Les rues soliloquent

LES RUES SOLILOQUENT

Toute chronologie s'avère terrible. C'est un piège. Pourquoi me suis-je embarqué dans une telle entreprise ? Pour quelles raisons ai-je insisté sur Untel et pas Untelle ? Ou l'inverse. Vous avez oublié tel poème ou telle chanson, me direz-vous avec raison ? Vous ne retenez que ce qui est publié en français, sans accorder aux « francophones » la place qui leur revient, m'accuserez-vous ! C'est vrai, les écrivains francophones d'Afrique, d'Océanie, des Amériques, de toute l'Europe, ne dédaignent aucunement la ville (ou « La Ville »), qu'ils explorent et affectionnent avec leurs mots, venant subvertir et enrichir le français hexagonal...Vous me demandez : « Alors comment allez-vous vous en sortir pour joindre Apollinaire aux rappeurs du XXIe siècle ? » Maladroitement. Incomplètement. Que puis-je répondre d'autre ? Si je voulais raconter la poésie urbaine d'Apollinaire à nos jours, je devrais citer des milliers de poèmes, tous les surréalistes sont des citadins, curieux des spectacles des rues et des boulevards, et les innombrables poètes qui à la suite de Prévert se nourrissent des ambiances urbaines devraient y figurer. Et que dires des chanteuses et chanteurs ? Il existe des dizaines de thèses sur « la ville dans la poésie au XXe siècle », des milliers de mémoires sur tel auteur ou telle autrice et sa description de tel quartier, des tonnes de monographies très bien documentées sur tel aspect urbain de telle œuvre écrite ou chantée. Loin de les connaître, je pourrais néanmoins, en tant que lecteur curieux, disserter sur *Le Paysan de Paris* d'Aragon, *Nadja* d'André Breton, *Les Dernières nuits de Paris* de Philippe Soupault... Tenez, de Philippe Soupault, connaissez-vous « Horizon » ?

« Toute la ville est entrée dans ma chambre
les arbres disparaissaient
et le soir s'attache à mes doigts
Les maisons deviennent des transatlantiques
le bruit de la mer est monté jusqu'à moi
Nous arriverons dans deux jours au Congo
J'ai franchi L'Équateur et le Tropique du Capricorne
Je sais qu'il y a des collines innombrables
Notre-Dame cache le Gaurisankar et les aurores boréales

La nuit tombe goutte à goutte
j'attends les heures

Donnez-moi cette citronnade et la dernière cigarette
Je reviendrai à Paris. »

Robert Desnos, surréaliste a aussi été inspiré et aspiré par « La ville » :

« Se heurter à la foule et courir par les rues,
Saisi en plein soleil par l'angoisse et la peur,
Pressentir le danger, la mort et le malheur,
Brouiller sa piste et fuir une ombre inaperçue

C'est le sort de celui qui, rêvant en chemin,
S'égare dans son rêve et se mêle aux fantômes,
Se glisse en leur manteau, prend leur place au royaume
Où la matière cède aux caresses des mains.

Tout ce monde est sorti du creux de sa cervelle.
Il l'entoure, il le masque, il le trope, il l'étreint,
il lui faut s'arrêter, laisser passer le train
Des créatures nées dans un corps qui chancelle.

Nausée de souvenirs, regrets des soleils veufs,
Résurgence de source, écho d'un chant de brume,
Vous n'êtes que scories et vous n'êtes qu'écume.
Je voudrais naître chaque jour sous un ciel neuf. »

(*Contrée*)

Courir les rues de Raymond Queneau est un régal de poésies urbaines, il est vrai que le gaillard s'amuse à versifier des scènes ordinaires de ville, comme dans « Il faut faire signe au machiniste » :

« La dame attendait l'autobus
le monsieur attendait l'autobus
passe un chien noir qui boitait
la dame regarde le chien
le monsieur regarde le chien
et pendant ce temps-là l'autobus passa. »

Ou dans « Le petit peuple de statues » :

Le petit peuple des statues
du jardin des Tuileries
est un petit peuple de nudistes
ces messieurs et ces dames
se mettent à poil
bien qu'il y ait là des enfants
et des touristes à l'âme pure

et les pigeons chiens dessus
sur le petit peuple des statues »

Sans oublier les bruyants « Cris de Paris » :

« On n'entend plus guère le repasseur de couteaux
le réparateur de porcelaines le rempailleur de chaises
on n'entend plus guère que les radios qui bafouillent
des tourne-disques des transistors et des télés
ou bien encore le faible aye aye ouye ouye
que pousse un piéton écrasé. »

Prévert, scénariste aux répliques d'anthologies, est aussi un poète des écoles, dont son nom figure au fronton de beaucoup d'entre elles, connaissez-vous de « Je vous salis ma rue », moins célèbre que le « Cancre » ?

« Je vous salis ma rue
et je m'en excuse
un homme-sandwich m'a donné un prospectus
de l'Armée du Salut
je l'ai jeté
et il est là tout froissé
dans votre ruisseau
et l'eau tarde à couler
Pardonnez-moi cette offense
les éboueurs vont passer
avec leur valet mécanique
et tout sera effacé

Alors je dirai
je vous salue ma rue pleine d'ogresses
charmantes comme dans les contes chinois
et qui vous plantent au cœur
l'épée de cristal du plaisir
dans la plaie heureuse du désir

Je vous salue ma rue pleine de grâce
l'éboueur est avec nous. » (*Fatras*)

Un autre Jacques, Roubaud, né en 1932, mathématicien, spécialiste du sonnet, membre de l'Oulipo (« Ouvroir de littérature potentielle » où l'intronise Raymond Queneau), infatigable expérimentateur du langage, regroupe 150 de ses poèmes dans *La forme d'une ville change plus vite, hélas, que le cœur des humains*, parmi lesquels, je ne peux m'empêcher de recopier ce passage :

« (...) La pénultième image était, aussi, celle d'une rue. Ce n'était ni celle de la rue que je descendais maintenant, ni celle que j'avais descendue autrefois, qui ressemblait à la première ou ne lui ressemblait pas, mais tendait vers moi son appel. Je connus que c'était elle, celle d'avant. Rue liquide, sombre ; les mêmes arbres ; d'autres. Mais au moment même où je le sus, je cessais de le savoir. »

Et aussi de réciter, de mémoire, *Arc-en-ciel* :

« il pleut
la pluie s'arrête
il fait beau
le soleil brille
on voit
sur la rue Violet
sur la rue Bleue
sur la rue du Chemin-Vert
sur la place du Château-Rouge
un arc-en-ciel plein de trous. »

Un autre Jacques, Réda (né en 1929), passionné de jazz, arpenteur insatiable de Paris et de ses banlieues, qu'il poétise sans répit, aussi bien dans *Le bitume est exquis*, que dans *Beauté suburbaine*, *Le Vingtième me fatigue*, *L'Herbe du talus*, *La Liberté des rues* ou encore, *Le Citadin*. Dans *Les Ruines de Paris*, je m'arrête sur « Aux environs », certainement parce que j'ai vécu le gros de mon existence dans des villes de banlieue (Saint-Denis, Pierreffite-sur-Seine, Bourg-la-Reine, Vitry, Choisy-le-roi) :

> « (...) on entrait dans la profondeur muette de la campagne,
> Gentilly, Châtillon, Montreuil, Vanves, Clamart et Saint-Cloud.
> Mais surtout le nord troublait à cause d'un fort regain d'espace
> Toutes ces plaines étirant jusqu'aux mers leurs fins sillons
> et qui mal jointes au bord de l'Oise, au bord de l'Aisne, au bord de l'Ourcq, vides le long des routes martelées par le fer et les étoiles, gonflent et grondent encore comme d'immenses papiers d'emballage – le nord.
> (...)
> J'essaye de voir ce bleu comme avec des yeux de pauvre,
> de le retenir, lui qui va si vite, par les pans troués de son manteau.
> Mais il s'enfonce au nord sous les ponts du Périphérique,
> Misérable comme ces Nègres que j'ai vus là-bas près d'un feu,
> Le vieux feu de vieux bouts de bois et de sacs de l'espérance. »

Franchir allègrement un siècle, quitter le début du XXe siècle pour celui du XXIe ne pose pas de gros problèmes, car la sensibilité poétique demeure autant u0rbaine avec des ambiances similaires. La langue s'est enrichie, le verlan et l'argot s'invitent dans ces nouveaux textes. Je devrais dire « les » argots, car entre le vocabulaire de NTM et celui de Niska, le gap est profond... Pourtant, paroliers et poètes s'évertuent depuis Apollinaire à magnifier la ville avec une grande délicatesse. Aucune rue, même la plus pitoyable ; aucun quartier, même le plus déshérité ; aucune bourgade, même la plus insignifiante ne leur sont indifférents. Tout lieu possède son merveilleux. C'est dans sa banalité que git la surréalité qui le transfigure. Ceci n'échappe pas aux rappeurs et slameurs.

Scène 4

Rap et Slam des quartiers

RAP ET SLAM DES QUARTIERS

Il y a des milliers et des milliers de rappeuses et rappeurs qui s'expriment dans toutes les langues et dans tous les pays ou presque, de même pour les slameuses et slameurs. Ces milliers de milliers d'artistes ont produit au moins un disque vinyle, une K7, un CD ou sont téléchargeables sur la Toile, depuis un demi-siècle ! C'est dire, s'il est impossible de les écouter, de les lire toutes et tous et d'en rendre compte. Une telle profusion planétaire démontre le succès de ces deux genres musicaux et aussi leur incroyable inventivité. Bien sûr pour d'incontestables réussites il y a pas mal de « déjà-entendu »... C'est un point commun avec la poésie et la chanson évoquées précédemment : d'innombrables textes, dont peu sortent du lot et nous « parlent » encore. Que le lecteur se rassure, je ne vais pas essayer de séparer le bon grain de l'ivraie, tâche herculéenne ! N'étant pas ni musicien ni musicologue, je ne peux pas prétendre tracer une géohistoire des musiques sur un siècle ! Néanmoins, afin de mieux énoncer ce que je comprends de ces deux genres musicaux et pour les associer au thème de l'urbain, je me dois de rappeler quelques évidences... au pas de course !

Le *jazz*, le *gospel*, la *country*, le *bip-bop*, le *blues*, le *soul*, le *funk*, le *ragtime*, le *disco* sont nés aux États-Unis, c'est là aussi que le *hip-hop* s'élabore dans le Bronx à New York au début des années 1970. Clive Campbell, né en 1955 à Kingston (Jamaïque) débarque en 1967 avec sa famille dans un quartier pauvre de New York, Sedwick Avenue, il est accro au disque *Sex Machine* de James Brown et assemble deux platines avec des amplificateurs et des haut-parleurs, isole des *breaks*, conforte les percussions et invente ainsi le *hip hop*, orchestré par le DJ. Son nom d'artiste est DJ Kool Herc, c'est lui qui perfectionne l'entremêlement des musiques en créant de nouvelles compositions hybrides à partir de ses platines et de son inspiration (*scratch*). Le DJ ou *disc-jockey* est celui qui dans les émissions radiophoniques annonce les titres des disques en les commentant, en tchatchant avec aisance. Lance Taylor, qui réside avec sa mère dans un logement social du Bronx, prend le pseudonyme d'Afrika Bambaataa et participe à un gang, tout en s'initiant à la musique. La mort de son cousin lors d'une fusillade avec la police en 1975 le persuade à opter pour la non-violence, il fonde alors la *Zulu Nation* qui n'est pas un gang mais une organisation communautaire visant à offrir aux jeunes un autre idéal que la guerre entre bandes rivales. Il organise des soirées musicales où son talent de beau parleur le fait apprécier de tous. Avec *The Soulsonic Force* il sort un 33 tour, « The Planet Rock », en 1982 qui en fait un des plus célèbres interprètes du hip-hop. Son mot d'ordre est « *Peace, love and having fun* ». En 2016 et 2021 il est accusé de pédophilie par des hommes qui prétendent avoir été violés lorsqu'ils étaient jeunes... L'expression *hip hop* est attribué à Keith « Cowboy » Wiggins (1960-1989), danseur et *hype man* du groupe de Grandmaster Flash and the Furious Five, qui se moque d'un pote entrant dans l'armée, en imitant le pas cadencé des soldats, « hip-hop-hip-hop... », en 1978. Un an plus tard, le groupe *Sugarhill Gang* chante *Rappers's Delight* : « I said a hip, hop the hippie to the hip hip hip hop, and you don't stop ». En quinze ans le disque se vendra à 15 millions d'exemplaires... Un an plus tard, Lovebug Starski, de son vrai nom Kevin Smith (1960-2018), DJ, rappeur et producteur, interprète le single *The Positive Life* qui consacre le hip hop comme culture. Steven Hager, journaliste blanc, militant pour la libéralisation du cannabis, rejoint San Francisco en 1968, assiste au festival de Woodstock en 1969, publie le 21 septembre 1981 dans *The Village Voice* le premier article contenant la formule « hip hop ». Par la suite, il produit et réalise des documentaires tout en se faisant l'historien de la contre-culture et du mouvement hip-hop. L'année suivante, Grandmaster Flash and The Furious Five interprète *The Message*, considéré à présent comme un véritable « classique » du rap, il faut préciser que Joseph Saddler alias Grandmaster Flash est diplômé d'électronique, c'est lui qui met au point la *beat box*, ensemble de percussions synthétiques. *The Message* aurait été, dit-on, finalisé en studio après deux heures d'improvisation collective, il dure un peu plus de sept minutes, son refrain plaintif sera plagié moultiples fois :

> « Ne me poussez pas je suis au bord du gouffre
> j'essaie de ne pas perdre la tête
> des fois ça ressemble à une jungle, et ça m'étonne de voir
> comment je garde la tête hors de l'eau. »

David Diallo rappelle que ce rap est qualifié de « conscient », que son souffle est « politique » et constate que cette veine semble dorénavant épuisée, il en donne comme preuve, que parmi les 50 chansons de rap les plus écoutées sur les plateformes d'écoute en ligne en 2017, deux seulement sont « politiques », celles des rappeurs Kendrick Lamar et DNA. Après une phase revendicative durant laquelle le racisme des blancs envers les afro-américains est dénoncé, tout comme l'attitude stigmatisante et violente de la police envers les non-blancs, d'autant plus qu'elle bénéficie d'une incroyable impunité...Certains textes sont de véritables diatribes contre le système économique confisqué par les blancs, ne laissant aux autres que le *deal* et la prostitution... D'autres adoptent un ton de prédicateur, annonçant la fin d'un monde et l'avènement d'un autre, dans lequel l'islam aura une place de choix dans la société, par exemple... Le rap exige la sincérité, d'où de nombreux éléments autobiographiques que le rappeur énoncent sans chercher à embellir ni son milieu d'origine ni ses conditions de vie. Il se raconte tout en racontant la société dans laquelle il cherche à exister en lui-même.

La culture hip-hop s'avère avant tout afro-américaine et urbaine, avant de se mondialiser, portée par l'industrie du disque et par quelques émissions de radio et de télévision qui lui sont entièrement dédiées, d'abord aux *States*, puis dans différents pays européens et africains. Elle désigne cinq pratiques artistiques : le *human beatbox*, le rap, le *turntablism* ou *Djing*, le *b-boying* et le graffiti. Le *beatboxing* consiste à reproduire les percussions avec la voix. Le *Djing* crée de nouveaux sons en mixant des morceaux de musique différente. Le *b-boying* est aussi appelé *break dance*, le verbe *break* dans la langue de la rue signifie « s'exciter », il s'agit de danser en réalisant des figures, pour le moins acrobatiques, si possible au sol. Quant au rap, c'est un phrasé syncopé avec des jeux de mots, des métaphores, des rimes audacieuses, des néologismes inédits, des acronymes détournés, des paronomases, des allitérations, des palindromes, des assonances, des calembours... Pour le graffiti son intégration au hip-hop ne va pas de soi, nombreux graffeurs se refusent à être assimilés à cette culture, arguant d'une antériorité eu égard aux rappeurs, par exemple. Ainsi le gang des Savage Skulls regroupe des portoricains qui marquent leur territoire avec des graffitis dès les années 1960, plus tard en 1968, le Portoricain, *Julio*

204 laisse sa signature (*tag*) sur les murs de la ville. Tout comme le jeune grec *Taki 183* (de la 183e rue), coursier de son état, qui éparpille ses graffs à l'aérosol au gré de ses courses au tout début des années 1970, initiant le *street art*... Que veut dire « rap » ? Plusieurs explications : les initiales de *rhythm and poetry* ; le verbe *to rap*, en *slang* (ou argot) qui veut dire « baratiner », « jacter », « dire n'importe quoi » ; le vieux terme anglais *rappe* que l'on peut traduire par « un coup rapide et léger » ou encore l'acronyme de *Rock Against Police*... Pour Georges Lapassade et Philippe Rousselot : « Le *rap song*, ou *rap*, c'est la diction, mi-parlée mi-chantée, de textes élaborés, rimés et rythmés, et qui s'étend sur une base musicale produite par des mixages d'extraits de disques et autres sources sonores. Cette pratique est apparue de manière explicite et désignée, étiquetée en tant que performance de rue, au cours des années 70, à New York. »

Il existe plusieurs classifications de rappeurs, selon leurs convictions politiques, religieuses (l'Islam est fréquemment revendiqué, de nombreux rappeurs se convertissent ou révèlent leur foi), idéologiques (l'anarchie), mais aussi leurs origines géographiques (ceux de New York ne sont pas ceux de San Francisco, de Chicago ou de Philadelphie..., et inversement !), sachant que la plupart d'entre eux sont afro-américains ou caraïbéens. Les rappeurs blancs interviendront plus tard, au moment où l'industrie musicale misera sur le rap pour leur *business* et ainsi toucher un autre public, l'élargissant au maximum en multipliant les « standards »... On présente trop souvent les rappeurs comme agressifs, anti-blancs, sexistes, délinquants, *dealers* ou drogués... En réaction, la presse hip-hop, encore marginale, gonfle l'importance des rappeurs et rappeuses LGBT, véganes ou issu-e-s des quartiers délabrés et de familles précarisées. Attention aux stéréotypes, il ne faut aucunement généraliser de telles étiquettes. Certes l'on connait la macabre liste des rappeurs tués par une *overdose*, mais le monde des médias et des arts n'est pas non plus épargné par les ravages des drogues. Le *gangsta rap* représenté, entre autres, par Eazy-E, Dr.Dre ou encore Snoop Dogg, s'affiche sexiste, les femmes ne sont à leurs yeux que des objets sexuels, dépendantes des hommes, le vocabulaire pour les désigner est argotique et dégradant. Ce sexisme, parfois revendiquée, peut s'accompagner d'homophobie et de transphobie. Louis Jesu distingue quatre « familles » de rap en France, le « rap ghetto », le « rap de variété », le « rap hybridé universel » et le « rap militant ». C'est le « rap ghetto » qui encense la virilité (la puissance sexuelle, l'honneur, la combativité, l'aisance à claquer du fric...) et rabaisse les femmes, qu'il nomme « tasspé », « pute », « bitch », « tchoin », à des rôles de garces, de manipulatrices, de dépensières... Dans ses vidéoclips, le « rap ghetto » les femmes sont hypersexualisées et dominées. La revue *Ballast* rencontre « Madame Rap » en mars 2018 et à ce propos, remarque que cela n'est pas propre à la chanson américaine. En effet, Ferré chante : « Ton style c'est ton cul, c'est ton cul, c'est ton cul/Ton style c'est ma loi quand tu t'y plies salope », Julien Clerc avec « Mélissa » du parolier David McNeil, Michel Sardou (« J'ai envie de violer des femmes/De les forcer à m'admirer/Envie de boire toutes leurs larmes/Et de disparaître en fumée »), Georges Brassens (« Le comble enfin, misérable salope/Comme il n'restait plus rien dans le garde-manger/T'as couru sans vergogne, et pour une escalope / Te jeter dans le lit du boucher ») et tant d'autres assument des paroles qui sentent bon son patriarcat ! Nous retrouvons là certains excès futuristes. La virilité, signe de la suprématie de l'homme, est encore cultivée par bien des esprits tourmentés qui ne peuvent admettre, non pas l'égalité entre les genres, mais tout simplement la richesse de la différence.

En France, l'introduction du rap se fait par l'intermédiaire de Sidney, de son vrai nom Patrick Duteil, né en 1955, musicien, danseur, DJ, animateur d'une « quotidienne » sur la radio libre Radio 7 en 1981 et en 1984 de l'émission *H.I.P.H.O.P.* sur TF1, qui tiendra une année. C'est le premier présentateur noir de la télévision française. Arrivent alors la première vague de rappeurs, celle des années 1990, avec MC Solaar, IAM, EJM, NTM, Ministère AMER, etc. Claude M'Barali, né en 1969 à Dakar, débarque à six mois en banlieue parisienne, à Saint-Denis, puis Maisons-Alfort et Villeneuve-Saint-Georges, il adopte comme nom de scène ce qui lui servait de tag, MC Solaar. Le « maître de cérémonie » est le moins vindicatif des premiers rappeurs, le plus poétique aussi. Dans « Quartier nord » de son premier disque, « Qui sème le vent récolte le tempo », en 1991, on peut entendre :

« (...) Alors que mes idées n'étaient qu'au stade embryonnaire.
La haute technologie de mon vocabulaire
M'a fait paracommando de la rime urbaine

Sans haine, j'assène un phénomène extrême
Qui me mène, m'amène, m'entraîne
Dans mon domaine et même si cela te gêne
Tant pis, c'est ton problème
Le hardcore du quartier nord
Frappe encore et encore de bâbord à tribord
Pour le baptême de mon emblème
Quatre cent quatre vingt quatorze plus seven
Dans les Cévennes, il s'est ven, on peut le lire sur ses veines
Tentative de suicide par manque de rime de rime urbaine
Je viens du sud de la capitale qu'on appelle Villeneuve-Saint-Georges, quartier nord, Hardcore (...) »

Il poursuit alors une remarquable carrière, puis fait un *break* dans sa vie et disparait des radars pour revenir en 2017 avec « Géopolitique », où il chante :

« Je commande un sondage pour des vacances à Singapour
On vote à main levée, 'y a cinq filles contre et cinq gars pour
Routard, je leur soumets mes vacances seul en Estonie
Mais il manque une voix, était-ce Ariane ou est-ce Tony ?
Une asiat' me branche, "veux-tu monter négro ?"
J'ai descendu la tasse cul-sec comme un schnaps du Monténégro
Petite taille, taille fine, était-elle thaï' ou de Taiwan ?
Son jean n'est pas Diesel, c'est un gasoil de taille "one"(...) »

Il ne se contente plus d'un coin de la banlieue et visite le monde entier, comme le confirme le refrain :

« Cancer du tropique
Corne de l'Afrique
Traité atlantique
Euro-asiatique
Paysages angéliques
Armes automatiques
Mon Bic note les hic
Géopoétique. »

Les Massilia Sound System, groupe marseillais constitué en 1984, s'inspire aussi bien de la culture occitane que du raggae jamaïcain, dans l'album « Aïollywood », avec « Ma ville est malade », il s'inquiète, en 1997, dc la montée du vote d'extrême-droite :

« (...) La grande ville, où je suis né, appelée Marseille par les français
Porte de l'Afrique dès l'antiquité, elle fut construite par des immigrés
Depuis bien longtemps elle vit en paix dans le respect de toutes les communautés
Mais depuis dix ans, dans la tête des gens, de drôles d'idées commencent à germer
Il y a des arméniens, il y a des algériens, il y a des tunisiens, il y a des italiens
Il y a des marocains, il y a des comoriens, ici se trouve rassemblé presque tout le genre humain
La cité a été bâtie grâce à ces millions de mains
Tout le monde vit sa vie et beaucoup s'y trouvent bien
La culture de ce pays qu'on appelle Occitanie
A toujours su intégrer les gens de tous les pays
Vous n'êtes pas obligés de croire tout ce que je dis
Mais je reprends mon argument, je développe, je poursuis car
Ma ville tremble, ma ville est malade
De Bonneveine jusqu'aux Aygalades
Ma ville tremble, ma ville est malade
De Bonneveine jusqu'aux Aygalades (...) »

En 2014, il déclare leur flamme pour Marseille :

« (...) Un peu partout tout le monde dit
Que la plus belle ville du monde est sans doute Paris
Ça ne me vexe pas, au contraire je ris
J'instaure le débat et je vais être précis :
Y'a pas d'enfer, y'a pas de paradis
Moi j'aime ma cité et c'est pourquoi j'y vis.
Dans la compétition au titre par catégorie
Si Paris est la plus belle, Marseille est la plus jolie (...) »

Un autre groupe marseillais, IAM, ces initiales sont celles du slogan que des manifestants américains affichaient sur leur banderole, « I Am A Man », ce que Akhenaton, un des membres du groupe traduit par « Je suis, j'existe ». Ce sigle peut aussi signifier « Invasion Arrivée de Mars », sachant que « Mars » c'est Marseille. Créé en 1986, il attend 1990 pour sortir sa première K7, produite à 400 exemplaires par la société de production du Massilia Sound System, on y trouve « Concept » :

« (...) De Marseille, jusqu`à Brooklyn New York
Le lord s'accorde au hip hop, pas à la mode
DJ Khéops transforme
Et comme un code en période
Déforme, les disques, les mix, les fixe
Sur 24 pistes, yo` stoppe la musique
Ramène le rythme, OK la mélodie
L`histoire est à revoir, ainsi voici l`explication
Et l`argumentation de la fondation
De la civilisation des nations
Depuis Akkad, Elam, depuis Sumer
Un humain sur terre a tant et tant marché
Sur les mains, le ventre, le cul, la tête, les pieds
Cet homme est l`homme noir exploité, déraciné
Voilà pourquoi IAM, d`ivoire ou d`ébène. »

Suprême NTM est constitué de Joey Starr, de son vrai nom, Didier Morville, né en Martinique en 1967 et Kool Shen, pseudo de Bruno Lopes, né en 1966 à Saint-Denis. Si NTM signifie pour le public « Nique Ta Mère », il peut aussi vouloir dire : « Le Nord Transmet le Message » (titre du tube nord-américain de référence). Le duo nait en 1989 et se sépare en 2001 pour se reformer en 2008 jusqu'en 2010 et à nouveau se réunir en 2017... Leurs propos sont résolument directs, argotiques, agressifs, comme « J'appuie sur la gâchette » en 1993 ou « Paris sous les bombes », en 1995. Ils auront à rendre des comptes à la justice. En 1998, ils chantent :

« Seine-Saint-Denis Style !
Fous donc ton gilet pare-balle
À base de popopopop, mec pour le Hip-Hop je développe
La Seine-Saint-Denis, c'est de la bombe baby
Et si t'as le pedigree ça se reconnaît au débit !
Ehw ça se reconnaît au débit bébé (baby)
C'est la génération Fonky-Tacchinni

Pas de chichis, pas de tié-pi ici (pas d'tiépi)
Si tu dérapes on te chie dessus
A'ight, Seine-Saint-Denis style
C'est de la bombe Bébé ! »

La ville est encore présente dans le même album, avec la chanson « C'est arrivé près de chez toi » :

« Dans la France de ceux qui pensent qu'en banlieue
On ne peut pas penser puisqu'on pense qu'à danser
Rapper sur des beats cadencés
Remarque ils pensent aussi qu'les trois millions de chômeurs c'est
Trois millions d'immigrés, donc, c'est clair que c'est
Pas gagné, qu'avec leur vision bornée (...)

(...) La plus grande bande de fachos qui fit si peur en son temps, fils
Si on laisse couler, on est morts
Coupons les couilles du porc
Ouah, ça c'est fort
Mais y a plus fort encore
Y a des ex-nouveaux ministres grillés
Qui viennent parler, se faire réélire à la télé
Briller, crier leur innocence, prier
Pour qu'on oublie que l'histoire du sang contaminé
C'est pour du fric qu'ils l'ont pas trié. »

Je devrais également citer certains textes de EJM, initiales de Jean-Michel Emilien, extraits de « Nous vivons tous » en 1989 ou de « La Rue et le Biz » en 1991, qui sont résolument urbains. Tout comme certaines chansons de La Cliqua, qui regroupe des graffeurs et des danseurs et réalise un premier disque de rap en 1995, sans trop savoir s'il y en aura un deuxième, et pourtant, en 1999, il arrive, avec ces paroles :

« (...) Du 75 Paris, capitale paradoxale, ville lumière
Aux cent-mille lascars, froide comme la crosse d'un revolver
Aux gares taguées au fatcap, aux rues défoncées
Aux avenues clean, aux monuments de rêve, à XXX de vos

spleens de riches
Bouffe de l'intolérance, des contrôles sans cesse
Du stress, des dièses, des foutues thèses qui blessent ma jeunesse, m'oppressent
C'est parmi cet état d'esprit que s'forgent nos mentalités, durs, forts
Pour la gloire et l'cash, chacun pour son XXX (...) »

Et aussi des raps du Ministère A.M.E.R. ou « Action Musique Et Rap », ou « Agent du Ministère Éloquent Radical » ou encore « Association des Malfaiteurs Enfants du Rap », né à Garges-Sarcelles en 1988, avec Stomy Bugsy (de son vrai nom, Gilles Duarte, né en 1972, de parents cap-verdiens), Passi (Passi Balende né à Brazzaville en 1972) et de temps à autre, Doc Gynéco (Bruno Beausir, né à Clichy-sous-Bois en 1974, de parents guadeloupéens). Le groupe connait quelques ennuis avec « Sacrifice de poulets », en 1995, au moment de la sortie du film *La Haine*, que la justice et la police n'apprécient pas, et se trouve ainsi déstabiliser. Le refrain a marqué les esprits :

« Pas de paix sans que Babylone paie
Est-ce que tu le sais ? Sacrifions le poulet !
Pas de paix sans que le
Poulet repose en paix
Est-ce que tu le sais ? Sacrifions le poulet ! »

Chacun tente alors une carrière solo. Doc Gynéco fait un malheur avec « Première consultation » qui parait en 1996 et qu'un classement du magazine *Les Inrockuptibles*, en 2012, retient parmi les 10 meilleurs raps français. Suivra en 2002, « Quality Street ». Il a déjà chanté la ville en 1996 avec « Dans ma rue » :

« Ma rue est bourrée de vice
À chacun ses délices, à chacun sa 86
Dans ma rue, les lascars se serrent la main
Ce n'est pas comme dans le show-biz où
Les mecs se font la bise dans ma rue
Les Chinois s'entraident et se
Tiennent par la main
Les Youpins s'éclatent et font des magasins

Et tous les lascars fument
Sur les mêmes joints (...)

(...) Dans ma rue
Pour communiquer il faut être trilingue
Et faire attention quand on
Marche sur des seringues
Se méfier des dingues qui
Sortent leurs flingues dans ma rue
Les péripatéticiennes craquent pour du Crack
Les pompiers les réveillent en
Leur mettant des claques
Personne ne veut tenter le bouche à bouche (...)

(...) Dans ma rue
Autant de flics que de mecs cocus
Le coiffeur raconte des blagues au dealer
Les policiers donnent des
Planques aux voleurs
Le facteur aide le maquereau
À relever les compteurs
J'ai été élu président de ma rue
J'ai placé mes ministres
Tout le monde est corrompu
À chacun sa banlieue la mienne, je l'aime
Et elle s'appelle le 18ème. »

Doc Gynéco a vendu plus d'un million et demi de ses sept albums, il a perdu une partie de son public en soutenant Nicolas Sarkozy en 2007 aux élections présidentielles et récemment, en 2021, en étant condamné pour violences conjugales...

Simon Koci, professeur de géographie à Montréal analyse un corpus de 1765 textes de 205 albums de rap produits entre 1990 et 2006 en France et en dénombre 477, qui explicitement traitent du territoire, d'une ville, d'un quartier ou d'une rue. Généralement, il s'agit d'une cité HLM, là, où le rappeur a vécu son enfance et son adolescence, là où il réside encore, parfois. Il dénombre plus de mille « entrées lexicales », parmi lesquelles : « béton », « bitume », « ciment », « asphalte », « morne »,

« triste », « prison », « étroit », « désert », « stérilité », « absence d'arbre », « manque de nature », « grisaille »... De la même manière que la poésie unanimiste de Jules Romains en faisait un « sociologue », l'on peut dire que les textes des rappeurs sont des contributions à la « géographie urbaine » et à la « sociologie de l'habitat » et aussi de l'exclusion socio-spatiale, tant ce qu'ils expriment décrit la perception d'un citadin lambda. Il n'y a aucune raison que les rappeurs de la seconde vague avec Booba, Sinik, Rohff, Kaaris, Ninho, Nisha, Orelsan, Lino, Kohndo, etc., ou de la troisième, avec Jul ou Sysa, ne localisent pas leurs propos, ne domicilient pas leurs actions, leurs sentiments, leurs colères. La géographie de ces rappeurs se distingue de celle de leurs prédécesseurs pour au moins deux raisons : ils ne sont pas tous noirs ou rebeus, il y a des blancs et ne viennent pas nécessairement des « quartiers sensibles », dits aussi « de la politique de la ville ». On constate, ce qui n'a rien d'extraordinaire, une complicité entre le milieu sociogéographique du chanteur et son inspiration, au point où dorénavant le hip-hop est couramment appelé « l'urbain », comme genre musical spécifique...

Oxmo Ouccino (Abdoulaye Diarra, franco-malien, né en 1974), rappe « Pan pa nam », en 2012 :

« (...) Une créature de bitume, sa voix ferrée te crie dessus
Chuchote au marteau piqueur, les petits cœurs s sont des fissures
Le temps se divise par quatre dans son œsophage
C'est lui la bête mais c'est nous qui sommes en cage
Sans changer de taille il grossit au risque
De serrer sa ceinture jusqu'à déchirer le périphérique (...) »

Nekfeu, n'est pas en reste avec « le bruit de la ville », en 2015 :

« Ma ville est douce comme ces quelques notes
Mais cette caisse claire m'rappelle à quelle point elle peut être brutale
Pense à tout c'bonheur qu'elle te donne
Et qu'elle te reprend avec un bruit d'balle
Sois prudent les gens n'ont plus d'âme
Je ne viens pas d'la rue moi tu sais j'y dors pas
Mais quand une chienne aboie je sais qu'elle ne mord pas
Je n'ai que des cauchemars et la nuit je dors mal

Car mon pote est mort là comme si c'était normal
Mon pote est mort là sans même me dire "au revoir"
Y a des milliers d'autres âmes tuées pour de l'or noir
Et des milliers d'enfants tenaillés par le manque (...) »

DTF, qui signifie « Dans Ta Face » résulte de l'association, en 2015, de deux amis de la cité Gagarine à Ivry-sur-Seine, Karim Azzouz (dit RKM) et Samy Taourirt (dit RTI), ils sortent « Dans ma ville », en 2020 :

« (...) fais l'tour de la ville
Je craque, je craque
J'fais l'tour de la ville
Je craque, je craque
Eh, eh, eh, eh, eh, eh, eh
Dans la ville, j'suis gang, dans la ville, j'suis gang, dans la ville, j'suis gang
Eh, eh, eh, eh, eh, eh, eh
Pour mon bâtiment C
Pour mon bâtiment C
Dans la ville, j'suis gang, dans la ville, j'suis gang, dans la ville, j'suis gang (gangsta)
Pour mon bâtiment C (j'vends)
Pour mon bâtiment C (j'vends)
Eh, eh, eh, eh, eh, eh, eh (j'vends)
Dans la ville, j'suis gang, dans la ville, j'suis gang, dans la ville, j'suis gang (gangsta) (...) »

Sysa appartient à la nouvelle génération de rappeurs marseillais, il passe un CAP d'installeur de sanitaires, effectue quelques brefs séjours en prison avant de composer et de réaliser son premier album, « Nueve » en 2022, où l'on peut entendre :

« (...) Oui j'ai tout perdu donc j'ai plus rien à perdre hein
Le meurtre m'attriste mais j'ai connu le pire hein
Je respecte les gens, donc les gens me respectent hein
Si je réussis c'est pas la chance, c'est mon destin
J'ai pas connu la gloire, j'suis plus proche de la merde
Aucun amour maternel, j'ai pas connu ma mère
J'connais le frigo vide, j'connais l'amour du vide

On s'met pas au bord de la falaise quand on a peur du vide
Ils font les voyous dans leurs clips, et dans la rue ils s'prennent des claques
Claques claques claques claques (...) »

Et le refrain :

« La rue puis la taule (ouais) frappe dans [?] (ouais) hé t'as fait du rôle (ouais)
Une balle dans la tête (ouais) l'amour puis la haine (ouais)
Gros j'vais y arriver (ouais) Tous ça sans sucer (pow pow pow pow)
C'est tous des voyous (ouais) Fuck la vie d'artiste (ouais) Fuck le million d'vues
Deux millions d'euros (ouais) On compte sur personne (ouais) »
On s'est fait tous seuls (ouais) Nique les PDH (pow pow pow pow) »

Aurélien Cotentin, dit Orelsan, est né à Alençon en 1982, issu de la classe moyenne, il étudie aux États-Unis, est diplômé de l'École de management de Normandie et obtient, très tôt un incontestable succès. Deux titres, « Sale pute » en 2009 et « L'Odeur de l'essence » en 2021, déclenchent des réactions, les féministes l'accuse de sexisme pour la première chanson et les anti-racistes de racisme pour la seconde. La justice le relaxe et il poursuit sa carrière. Avec « Dans ma ville », il chante Caen :

« Dans ma ville, on traîne, entre le béton les plaines
Dans les rues pavées du centre, tous les magasins ferment
On passe les week-ends dans les zones industrielles
Près des zones pavillonnaires où les baraques sont les mêmes
Ma ville est comme la première copine que j'ai jamais eue
Je peux pas la quitter pourtant je passe mon temps à cracher dessus
Parler du beau temps serait mal regarder le ciel
Je la déteste autant que je l'aime surement parce qu'on est pareils (...) »

Keny Arkana, Marseillaise d'origine argentine, rappe sa « Marseille » avec une rare vivacité :

« Centre ville, m.a.r.s, pas besoin de te présenter ma ville
Ca rappe depuis les premières heures, microphone branché à vif
Ca rappe dans tous les coins, se rappelant du rap d'hier
3ème génération d'mc's, arrive déja la 4ème
Identité marseillaise, ni new york, ni atlanta
Nous, on reste fidèles à nous-mêmes, on attend pas , nous on s'en bat
On garde l'honneur des gens d'en bas, énervés ou nonchalants
Trop sincère, le numéro 1 s'appelle à jamais Luciano
Marseille, Marseille, a toujours fait vibrer la France
Fut un temps où tout l'hexagone rappait même avec l'accent
J'en place une pour les absents, puis une autre pour tous nos anciens
Tu dis qu'on chiale, toi ? mais ferme-la, et colle ta tête aux enceintes !
Nous, on rappe avec des principes
La main sur le cœur avec des principes
Et j'insiste, car dans ce biz, trop de frères qui vacillent
Faire le fou c'est facile, rester vrai c'est fragile
M.a.r.s c'est magique, un peu de cœur qui enraye la machine (...) »

Elle la chante aussi dans « De l'Opéra à la Plaine » :

« Couplet 1 : Gonz
Pénètre dans le centre, viens voir ma ville et ses rues
Ce qu'on a dans la tête, le vent de sur quoi on a des vues
Qui nous croyait perdu, pas moyen que ça dévie
Marseille city ça déblaye et rien nous affaibli
Pas même de marcher seul, chacun sa peau en centre-ville
Vite, traçons tous à l'opposé avant qu'il nous quadrillent
De l'Opéra à la Plaine, on connaît toutes les rues pas cœur
Y'a même nos noms sur les murs écris au marqueur (...) »

Et le refrain, avec le nom des quartiers de la ville :

« Marseille centre-ville, tous répondent présent à l'appel
Panier, Opéra, Noailles, Cours Julien, la Plaine
Yeah, 4 mesures à peine, déjà les MC font appel
On arrivera franc, vrai freestyle, pas de morceau à thème
Marseille centre-ville, tous répondent présent à l'appel

Panier, Opéra, Noailles, Cours Julien, la Plaine
C'est avec le cœur qu'on parle, de l'amour à la haine
Dans la vie qu'on mène le rap voilà pourquoi on se démène (...) »

Voilà, quelques poèmes significatifs de ce rap urbain parmi une très abondante production, les lire sans entendre l'accompagnement musical et la diction propre à chaque rappeur et rappeuse empêchent d'en bien saisir toute la portée. Néanmoins, ils témoignent de cet attachement que tout individu entretient avec ses différents logements et quartiers, même les plus déshérités, les moins habitables et avec la population qui y loge, qui y est affectée sans véritable choix, comme assignée à résidence. Les raps, comme les poésies urbaines présentées dans les chapitres précédents, croquent des moments de la vie des auteurs (l'absence du père ou de la mère, l'inconfort du logement, le racisme ordinaire, l'échec scolaire, les premiers amours, la perte d'un copain, le passage par la case « prison »...) moments qui sont mémorisés dans des lieux. Se souvenir d'un endroit revient à déclencher une fontaine à souvenirs. Les rappeurs racontent leur vie, ce qu'ils sont, ce qu'ils ressentent, ce qu'ils pensent, ce qu'ils espèrent. Leurs textes exposent finalement leur philosophie, parfois de manière « brut de décoffrage », sans tourner autour du pot, spontanément, nonobstant qu'ils répondent aussi à d'autres auteurs qu'ils brocardent sans gêne... Les joutes verbales différées entre eux sont fréquentes et peuvent dégénérer en rixe physique quand les deux rappeurs opposés se croisent en vrai. La compétition, liée au jeu que la culture hip-hop stimule, se transforme alors en conflit lourd d'animosité. La parole apparait alors comme une esquive pour éviter la confrontation réelle. On s'attaque par phrases interposées, seuls les initiés, parmi le public, savent compter les coups. La *téci* prépare les futurs rappeurs à ces rapports de force, d'où tout un vocabulaire offensif dans leurs chants. Et aussi, bien sûr, leur hostilité à la police et différemment selon l'histoire personnelle des rappeurs, aux dealers et plus généralement aux gangs. Ségrégation, trafics, bagarres, rodéos, contrôles policiers, etc., appartiennent au quotidien urbain de ces cités. Ce sont des éléments du décor. Pas question de les oublier lors d'une description de la rue ou du quartier. Du reste, nous les retrouvons dans les clips tournés pour la promotion d'un album ou d'un *single*. Là, certains stéréotypes se prétendent des archétypes... Heureusement, comme l'observe Jacques Denis, le « rap domestiqué » – pour moi, « stéréotypé » –, ne suffit pas à envelopper le « rap révolté » d'un voile consensuel appelé le « vivre ensemble »... Les rappeuses, comme Keny Arkana, Princess Aniès, Bams ou encore Casey veillent au grain et ne capitulent pas. Casey, Martiniquaise du « Neuf-Trois », scande :

« Aucune différence dans cette douce France
Entre mon passé, mon présent et ma souffrance
Être au fond du précipice ou en surface
Mais en tout cas sur place et haï à outrance
Mes cicatrices sont pleines de stress
Pleines de rengaines racistes qui m'oppressent
De bleus, de kystes, de peines et de chaînes épaisses. »

Le rap est dorénavant installé dans le paysage musical planétaire, on peut l'entendre partout de Mumbai à Rio, de Dakar à Istanbul, de Mexico à Moscou. Avec lui, ce sont les territoires « oubliés », « marginalisés », « pauvres » (je pense ici aux bidonvilles et autres favelas) qui y trouvent une représentation artistique et ainsi un peu moins d'indifférence de la part des « nantis » ou assimilés, qui sont bluffés par les revenus qu'il génère. C'est une différence de taille avec les poètes de l'Abbaye de Créteil au début du XXe siècle, par exemple, qui mangeaient de la vache enragée et le tout jeune rappeur fier du million de fans qui le téléchargent ! Depuis le début du XXIe siècle, un autre genre se déploie avec ampleur, le slam. De quoi s'agit-il ? Le slam est né, lui aussi, aux États-Unis. On raconte que Marc Smith, poète et maçon, né en 1949, se rend avec sa copine à une lecture de poèmes. Là, il voit un public qui écoute passivement des poètes lire mal leurs textes. Il imagine un tournoi au cours duquel chaque poète défend son texte avec détermination réveillant ainsi le public. Il élabore des règles à suivre lors de ce premier combat oral en 1986, dans un bar de Chicago, fréquenté antérieurement par Al Capone, comme ne pas dépasser trois minutes ou être classé par un jury issu du public. Le succès est au rendez-vous. Ces poèmes parlés, chantonnés, murmurés, psalmodié, selon l'inclinaison du poète ou le contenu du texte, renouent, sans le savoir, avec les lectures que les poètes de la *beat generation* affectionnaient. Et aussi avec les séances entre poètes où chacun-e lisait sa dernière création, pratique aussi vieille que la poésie... Le *slam poetry* connait un énorme succès aux États-Unis où les concours se multiplient et pas seulement dans les campus. Le slam est pratiqué par tous, sans discrimination d'âge, de sexe, de confession, de revenu... La slameuse, le slameur, fait part de ses états d'âme, de ses engouements comme de ses indignations, de ses révoltes comme de ses rêves. Elle, il se met en mots.

Slam poetry peut se traduire par « chelem de poésie », une compétition entre joueurs de cartes par exemple, ou de tennis (le « grand chelem ») ou de rugby (quand une équipe remporte la victoire à tous les matches du tournoi des Six Nations). *To slam* veut dire « claquer » et *slam*, « écrasement », « claquement », le Robert définit ainsi le slam : « Forme d'art oratoire consistant à déclamer de manière libre des textes poétiques. » Le film de Marc Levin, *Slam*, qui obtient la « Caméra d'or au Festival de Cannes en 1998, aide à le populariser. Ray Joshua éducateur de rue auprès d'enfants noirs d'un quartier ségrégué de Washington assiste à la mort de son dealer par la police qui trouve sur lui de la drogue, il est arrêté et mis en prison. Là, il participe à un atelier d'écriture et prend plaisir à rédiger de la poésie et à la déclamer. Il est libéré sous caution et participe à des concours de slam... La rédemption par la poésie. Je ne dirais rien de sa relation avec la prof... Bref, le film fait connaître le slam sur toute la planète, dont la France, qui le connait déjà et le pratique, mais à petite échelle. Nada, Joël Barazer, MC Clean et Pilote le Hot, seraient les premiers à réunir des performeurs au Club-Club, un bar de Pigalle, dès 1995, puis à partir de 1997 à La Flèche d'Or. Pierre le Hot, né à Aubervilliers en 1966 en fait son job, il est slameur, organisateur de concours, présentateur de soirée, auteur, animateur d'atelier d'écriture dans des maisons d'arrêt, des hôpitaux, des collèges... Il est à l'origine du Grand Slam National de la poésie et de la Coupe du monde de slam de poésie à Paris, depuis 2007. Ce qui lui faut la défection de ses premiers camarades... Des rencontres slam se déroulent régulièrement dans de nombreuses villes françaises (Le Mans, Colmar, Poitiers, Rennes, Dijon, Reims, Creil, Nantes, Bobigny, Vitry-sur-Seine...).

Fabien Marsaud, né au Blanc-Mesnil en 1977, élevé à Noisy-le-sec, est un bon élève qui pratique assidûment le basket, après son baccalauréat il obtient un diplôme en « sciences et techniques des activités physiques et sportives ». Moniteur de colonie de vacances, à l'été 1997, il plonge dans un bassin pas assez rempli et se fracasse les cervicales. Après deux ans d'hospitalisation, il peut à nouveau marcher. Il récite *a capella* ses slams dans divers bars, se fait repérer, remporte des concours et enregistre *Midi 20* en 2006. C'est le début d'une remarquable carrière qui mêle ateliers d'écriture, création littéraire, promotion du slam dans les écoles, etc. Grand Corps Malade, c'est son nom de scène, dans un entretien pour la revue *Mouvements*, en 2009, confie : « Le slam est profondément une culture urbaine ». Plus loin, il précise : « Je fais de la poésie urbaine, qui ne parle pas que de béton. Mais je parle en mon nom. » Vivant dans le « Neuf-Trois », il refuse d'en être le porte-parole, sa famille est aisée et il n'a pas connu la promiscuité de certaines cités. Il se réclame pourtant « enfant de la ville ». Écoutons-le :

« Je suis un enfant de la ville, je suis un enfant du bruit
J'aime la foule quand ça grouille, j'aime les rires et les cris
J'écris mon envie de croiser du mouvement et des visages
Je veux que ça claque et que ça sonne, je ne veux pas que des vies sages
Je suis un enfant de la ville, je suis un enfant du bruit
J'aime la foule quand ça grouille, j'aime les rires et les cris
J'écris mon envie de croiser du mouvement et des visages
Je veux que ça claque et que ça sonne, je ne veux pas que des vies sages (...)

Je suis un enfant de la ville, je suis un enfant du bruit
J'aime la foule quand ça grouille, j'aime les rires et les cris
J'écris mon envie de croiser du mouvement et des visages
Je veux que ça claque et que ça sonne, je ne veux pas que des vies sages
Je suis un enfant de la ville, je suis un enfant du bruit
J'aime la foule quand ça grouille, j'aime les rires et les cris
J'écris mon envie de croiser du mouvement et des visages
Je veux que ça claque et que ça sonne, je ne veux pas que des vies sages. »

Dans un autre poème, il rend hommage à Saint-Denis, dont il souligne l'incroyable diversité qui en est sa richesse :

« J'voudrais faire un slam pour une grande dame que j'connais depuis tout petit
J'voudrais faire un slam pour celle qui voit ma vieille canne du lundi au samedi
J'voudrais faire un slam pour une vieille femme dans laquelle j'ai grandi
J'voudrais faire un slam pour cette banlieue nord de Paname qu'on appelle Saint-Denis
Prends la ligne D du RER
Et erre dans les rues sévères
D'une ville pleine de caractère
Prends la ligne 13 du métro (...) »

(...) J't'emmènerai bouffer du Mafé à Bamako et à Yamoussoukro
Et si tu préfères, on ira juste derrière
Manger une crêpe là où ça sent Quimper
Et où ça a un petit air du Finistère
Et puis en repassant par Tizi-Ouzou
On finira aux Antilles (...)

(...) C'est pas une ville toute rose mais c'est une ville vivante
Il s'y passe toujours quelque chose, pour moi, elle est kiffante
J'connais bien ses rouages, j'connais bien ses virages
Y a tout le temps du passage, y a plein d'enfants pas sages
J'veux écrire une belle page, ville aux mille visages
Saint Denis centre, mon village
J'ai 93200 raisons de te faire connaître cette agglomération
T'as 93200 façons de découvrir ses attractions
À cette putain de cité, je suis plus qu'attaché
Même si j'ai envie de mettre des taquets
Aux arracheurs de portable d'la place du Caquet
Saint Denis, ville sans égale
Saint Denis, ma capitale (...) »

Toute l'œuvre de Grand Corps Malade est imprégnée par le territoire de son enfance, dont il a suivi les évolutions, tant urbanistiques que sociologiques, ce qui ne l'empêche pas d'exposer sa compréhension du monde. Si le slam est urbain, il ne se cantonne pas à une ville ou quartier, il poétise la terre urbanisée, soulignant ses imperfections et caressant ses bonnes intentions... Régis Fayette Mikano est né à Paris en 1975, a suivi sa famille au Congo, puis, après le divorce de ses parents, s'est retrouvé au quartier Neuhof, à Strasbourg. Après des études de lettres classiques et de philosophie, il versifie. Il prend un pseudonyme (nous l'avons vu, tous les rappeurs, rappeuses changent de nom), transforme Régis, dont l'origine latine signifie « roi », pour « roi » en arabe, *malik* et devient Abd al Malik. Entre temps il s'est converti à l'islam, un islam ouvert, tolérant et devient écrivain, réalisateur, metteur en scène... Particulièrement talentueux, il recherche l'harmonie aussi ne chante-t-il pas la discorde, la violence, la rancœur. On lui reprochera, comme à Grand Corps Malade, du reste, son ton « gentillet »... En 2006, il slame « Gilbraltar » qui devient vite un succès commercial.

« Sur le détroit de Gibraltar y a un jeune noir
Qui pleure un rêve qui prendra vie
Une fois passé Gibraltar
Sur le détroit de Gibraltar y a un jeune noir
Qui se demande si l'histoire le retiendra
Comme celui qui portait le nom de cette montagne
Sur le détroit de Gibraltar y a un jeune noir
Qui meurt sa vie bête de gangsta rappeur mais
Sur le détroit de Gibraltar y a un jeune homme qui va naître
Qui va être celui qu'les tours empêchaient d'être
Sur le détroit de Gibraltar, y a un jeune noir qui boit
Dans ce bar où les espoirs se bousculent, une simple cannette de Fanta (...) »

Souleyman Diamanka, depuis Dakar, appelle à « Être humain autrement » (2016), Frédéric Nevchehirlian revisite Prévert et met en musique ses propres poèmes, marqués par Baudelaire, Apollinaire, Ginsberg et aussi Derrida...

George Ka chante Saïgon et s'en retourne au Vietnam de ses ancêtres :

« J'habite dans une "hêm", une petite ruelle de Binh Thanh
Sept heures du mat', ma voisine allume son réchaud au butane
Les femmes assises à même le sol découpent des légumes
Les hommes s'interpellent, déambulent, rient et fument

À peine sortie d'ma rue, c'est l'explosion d'la ville
Le défilé des scooters qui forment une seule et même file
Ça crie, ça s'bouscule, rien n'se tait et tout bouge
À l'exception des affiches de propagande jaunes et rouges (...) »

Chloé M., Lisette Lombé (ses textes sont d'une rare intensité), Liliane Hassaine, la liste est impressionnante des poètes femmes et féministes qui slament, non pas pour nourrir « l'industrie des variétés », mais pour interpeller chacune et chacun sur sa propre existence. Oui, il y a une dimension existentielle dans ces textes qui savent à quel point nous sommes faits des lieux que nous fréquentons, des relations que nous nouons, des combats que nous menons. Il y a une sorte d'écologie existentielle que la plupart de ces chants révèle...

Le 26 novembre 2021, je participe à la rencontre organisée par Volubilis, à Avignon, sur l'eau. Un rappeur-slameur du nom de Dizzylez intervient avec Vincent Truel pianiste. Je suis enchanté. Nous discutons, il a une maitrise de sociologie avec un mémoire sur « Le rap et la police. Étude de l'extrémité d'un discours ». Il découvre qu'il aime écrire. Il assiste à une soirée slam aux Lucioles à Paris et ose, *a capella*, dire un des textes. Pilote le Hot le complimente. En 2009, il quitte l'enseignement et se produit où il peut, écrivant ses textes et les interprétant. Je lui demande si la ville l'inspire, il me répond « oui » et qu'il va m'envoyer un de ses textes. Peu après je reçois « Juste en face », le voici :

« Une ville, une rue
Deux passants, deux trottoirs Deux regards qui se trouvent
Deux esprits qui se troublent dans la lumière du soir
Et deux corps qui s'arrêtent
Avalanche dans leurs têtes
Un immense sourire, l'étincelle d'un espoir Vision d'un horizon et d'une étoile
Plus peur du noir
Un fil entre deux êtres Fragile, infime
La beaute ? du silence d'un film
Une ville, une rue
Une femme et un homme
Deux vies comme à l'étroit d'un aquarium

Deux chemins ligne droite, au milieu : une route.
Et plus l'ombre d'un doute
Juste un pas, juste un geste
Gommer l'espace qui sépare deux planètes
Croire en l'inclinaison des trajectoires
Juste un pas, juste un geste
La naissance d'une histoire surgie d'entre les lignes
Juste un mot, juste un pas, juste un geste, juste un rêve, juste un signe
Une ville, une rue
Un peu de temps qui passe Une promesse
Juste en face. »

Poème, rap et slam, de Baudelaire à Grand Corps Malade ont d'incroyables parentés. Chaque auteur revendique sa singularité, veut faire entendre sa voix, exprime ses tourments, révèle sa relation privilégiée avec la ville et ses marges, dénonce ce qu'il perçoit comme des injustices, réclame davantage d'amour et hésite entre solitude et multitude, chacune ayant son charme... Baudelaire traduit les correspondances « La Nature est un temple où de vivants piliers/Laissent parfois sortir de confuses paroles ; /L'homme y passe à travers des forêts de symboles/Qui l'observent avec des regards familiers. (...) », ce qui est aussi le cas des unanimistes, des futuristes, des rappeurs et slameurs de la fin du XXe siècle et d'à présent. Est-ce avouer que nous sommes encore dans la modernité baudelairienne ? Il y a un réel décalage entre la création poétique et la culture technologique qui perdure. Baudelaire refusait l'appel de Maxime Du Camp à poétiser le moindre progrès technologique, de même que les slameurs ne chantent pas la beauté des algorithmes et des logiciels ! Chacun vit dans plusieurs mondes à la fois et possède au moins deux cultures, une culture poétique avec des sentiments éternels et une culture numérique, toujours à la recherche de la dernière innovation que le capitalisme met sur le marché. L'appauvrissement lié à la culture numérique standardisée est alors compensé par une inventivité langagière que porte la parole parlante du slam. Cri de révolte, aveu de faiblesse face aux machines qui nous broient, rêve éveillé pour des aubes joyeuses, refus des « paradis artificiels » qui tuent celles et ceux qui s'y enferment, tentative de rompre le *spleen* qui nous assaille, écoute de toutes les rencontres que la ville rend possible, appel à concilier l'individuel et le collectif, etc. Ces intentions n'ont pas d'âge. Elles visent à une harmonie sans cesse à rétablir, à entretenir, comme ces mots qu'on ajuste entre eux, qu'on articule, qu'on scande, afin qu'ils fassent sens. Même si le répertoire évolue peu, si les thèmes demeurent semblables, la sensibilité écologiste commence à se manifester. Les enjeux environnementaux entrent en scène.

Poème, rap et slam contribuent à magnifier le monde. À le questionner aussi, ne pas l'accepter comme il est, à le rectifier, le réorienter. Le jour où la poésie disparaitra, alors la vie humaine n'aura plus aucun sens et s'évanouira dans l'univers.

Comment conclure, me direz-vous ? Par ce simple constat : « Tu peux éteindre la lumière, puisque qu'elle est en toi ! »

Final
Les villes gorgées de mots

LES VILLES GORGÉES DE MOTS

À LA MANIÈRE D'UN SLAM

« Ô villes déglinguées ou guindées
villes éteintes et ensommeillées
villes lumineuses et rêveuses
je vous aime
je vous fais la cour
j'attends vos réactions et je me soumets à vos caprices
je vante vos mérites et décris vos beautés
souvent cachées

je vous parcours
je vous prends dans mes bras
je vous questionne
je me perds en vous et vous me murmurez de poursuivre mes investigations secrètes
mes caresses indiscrètes
mes propos incongrus
mes hésitations que vous prenez pour de la timidité

vos différents quartiers me séduisent
et épuisent mes forces
je peine à les explorer tous
et le plan que je déplie
n'est qu'une carte plate muette et distante
la vraie ville est ailleurs
le territoire échappe à toute représentation dessinée
le territoire déborde cette géographie codifiée
le territoire s'affirme par le pas décidé du promeneur en quête de rencontre

villes
plus tourées ici
plus dispersées là
plus fermées et refermées
vous qui réchauffez si mal le cœur de l'exilé
abritez si mal la femme ou l'homme à la rue
rejetez sans regret l'indésirable le migrant l'étranger

celui ou celle qui n'est pas d'ici et dont la langue ne trouve aucun écho dans votre bavardage
villes égoïstes et violentes qui imposent le tri sélectif des humains et sont solidaires des seules fortunes qu'elles exhibent comme les trophés des possibles des rêves incertains
cela malgré les murs sécuritaires l'on trouve encore – mais pour combien de temps ? – des cheminements urbains libres et gratuits qui conduisent
à des sourires
des signes d'hospitalité
des gestes simples comme bonjour
tout un échantillon d'un monde accueillant
ouvert comme une clairière dans le béton du bâti
dans l'artifice du végétal
une clairière un repos une halte
et puis à nouveau et encore le bruit le mouvement la vitesse la lumière non-stop la ségrégation la relégation
ô villes déhanchées syncopées jazzées slamées
rythmées
vous dédaignez mon amour et préférez les paillettes du branding
du marketing *urbain*
du tourisme massifié
vous snobez le précaire, l'enfant, l'Autre
qui vous apporte ce qu'il est
au cœur même de ce que vous n'êtes plus. »

Promenade bibliographique

PROMENADE BIBLIOGRAPHIQUE

La poésie « industrialiste » a été étudiée par C-A. Fusil, dans sa thèse, *La Poésie scientifique de 1750 à nos jours, son élaboration, sa constitution* (Paris, éditions Scientifica, 1918) et par Elliot Mansfield Grant, dans *French Poetry and Modern Industry 1830-1870. A Study of the Treatment of Industry and Mechanical power in French poetry during the Reigns of Louis-Philippe and Napoelon III* (Cambridge, Harvard University Press, 1927), très riche bibliographie, en particulier des poètes de cette période, près de deux cents, qui ont honoré les dernières inventions et autres procédés techniques avec un poème ou un recueil. On lira également, l'article d'Émile Magne, *Le Machinisme dans la littérature contemporaine* (*Mercure de France*, 16 janvier 1910, pp.202-217) ; celui de Paul Ginestier, « La poésie de l'effort industriel », dans l'ouvrage collectif, *Esthétique industrielle*, sous la direction d'Étienne Souriau et Charles Lalo (PUF, 1952, pp.139-168) et l'essai, *Le Poète et la Machine*, de Paul Ginestier (Préface de Georges Matoré, Nizet, 1954).

Maxime Du Camp (1822-1894) mérite un traitement spécial car c'est la préface-manifeste à ses *Chants modernes* (1855) qui exprime le mieux, et de façon combative, la nécessité d'allier poésie et machinisme. Il est co-animateur de la *Revue de Paris*, à partir de 1845, avec Louis-Marie de Lahaye Cormenin, qui contribue à la diffusion de cette nouvelle mission attribuée à la poésie. On peut lire : « Le Paris de Maxime Du Camp », par Daniel Oster (*Corps écrit*, PUF, n°29, pp.87-93) et « Le Paris de Maxime Du Camp », par Alain Corbin (*Sociétés et représentations*, éditions de La Sorbonne, n°17, 2004, pp.69-86). Mais surtout se reporter à l'ouvrage de Marta Caraion, *« Les Philosophes de la vapeur et des allumettes chimiques ». Littérature, sciences et industrie en 1855* (Genève, Libraire Droz, 2008), qui reproduit plusieurs articles de la *Revue de Paris* et les contextualise et à ses articles : « "Les philosophes de la vapeur et des allumettes chimiques" : projet pour une littérature positiviste au milieu du XIXe siècle », dans, *La production de l'immatériel : Théories, représentations et pratiques de la culture au XIXe siècle*, sous la direction de Jean-Yves Mollier, Philippe Régnier et Alain Vaillant (Presses universitaires de Saint-Étienne, 2008, pp.261-275) et « La malédiction, sciences et industrie : une stratégie d'intégration littéraire », dans, *Deux siècles de malédiction littéraire* (liège, Presses universitaires de Liège, 2014, pp. 219-229). Lire également, « La poésie à vapeur : *Les Chants modernes* de Maxime Du Camp », par Jean-Pierre Bertrand (*Fabula/Les colloques*. Le poème fait signe, URL : http://www.fabula.org/colloques/document394.php, consulté le 22 juin 2023). L'expression « les philosophes de la vapeur et des allumettes chimiques » est de Baudelaire.

Son recueil, *Les Chants modernes* est disponible sur le site de la BNF, Gallica, l'édition originale est publiée en 1855 par Michel Lévy frères, à Paris.

La « somme » de Jacques Noiray, consacrée aux romans, *Le romancier et la machine. L'image de la machine dans le roman français (1850-1900). I – L'univers de Zola. II – Jules Verne – Villiers de l'Isle-Adam.* (2 Vol., Paris, José Corti, 1981) est bien sûr à connaître.

La notion de modernité a donné lieu à un déluge d'ouvrages et d'articles, pour cet essai, j'ai principalement puisé dans les références suivantes :

« Ce que modernité veut dire (I) » et « Ce que modernité veut dire (II) », deux très riches livraisons de la revue *Modernités*, sous la direction de Yves Vadé (n°5 et n°6, Presses Universitaires de Bordeaux, 1994 et 1995) avec des contributions de Yves Vadé (« L'invention de la modernité »), article essentiel, Christine Régnier (« *Modernism* et fiction romanesque en Angleterre »), Jean-Claude Barat (« La notion de *modernism* dans la littérature américaine »), Roger Billion (« La notion de modernité en chinois "moderne" »), Christine Lévy (« Moderne, modernité au Japon : adoption et création d'un concept »), Gérard Raulet (« Le concept de modernité »), Gilbert Merlio (« La notion de modernité de Schiller à Nietzsche »), Beatrix Chenot (« Le *Modernismo* hispano-américain »), Joëlle de Sermet (« Modernité, éternité : Leiris continuateur de Baudelaire ? »)...

Les essais suivants sont à lire : *De la modernité*, par Jean Chesneaux (La Découverte, 1983) ; *Modernité modernité*, par Henri Meschonnic (Verdier, 1988) ; *Le détour. Pouvoir et modernité*, par Georges Balandier (Fayard, 1988) ; *Les cinq paradoxes de la modernité*, par Antoine Compagnon (Seuil, 1990) ; *Critique de la modernité*, par Alain Touraine (Fayard, 1992), « Modernité », par Jean Baudrillard (*Encyclopaedia Universalis*, tome 15, pp.552-554, 1994) ; *Archéologie de la modernité*, par Jean Borie (Grasset, 1999) ; *Les poètes et la modernité. De Baudelaire à Apollinaire*, par Jean-Pierre Bertrand et Pascal Durand (Seuil, 2006). J'ajoute « Mode, moderne, postmoderne » de Walter Moser dans *Études françaises* (Presses de l'Université de Montréal, volume 20, n°2, automne 1984, pp. 29-48), qui s'attarde sur le « structuralisme », la « sémiotique » et la « déconstruction » comme trois mouvements significatifs des modes intellectuelles de la seconde partie du XXe siècle. Enfin, « La "modernité" dans la tradition littéraire et la conscience d'aujourd'hui », dans *Pour une esthétique de la réception*, par Hans Robert Jauss (traduction française, Gallimard, 1978, pp.158-209), « Théophile Gauthier ou les paradoxes de la modernité », par Philippe Junod (*Histoire de l'art*, n°50, 2002, pp.59-64) et « Modernisme et modernité. Baudelaire face à son époque », par Gérald Froidevaux (*Littérature*, n°63, 1986, pp.90-103).

Pour Charles Baudelaire, la bibliographie est phénoménale, pour ne pas écrire « stupéfiante »... Je me sers avant tout des *Œuvres complètes*, tome 1, texte établi et annoté par Y-G. Le Dantec, édition complétée et présentée par Claude Pichois, « Bibliothèque de La Pléiade », Gallimard, 1961 et tome 2, texte établi et présenté par Claude Pichois, « Bibliothèque de La Pléiade », Gallimard, 1976. La biographie, *Baudelaire. Histoire d'une âme*, un peu foutraque, de François Porché, est une mine d'informations et de points de vue contrastés. Le numéro d'*Europe* (avril-mai 1967) consacré à « Baudelaire » est particulièrement intéressant, avec, entre autres, l'article de France Joxe, « Ville et modernité » et celui d'Albert Fournier, « Les 44 domiciles parisiens de Baudelaire ». À lire tout particulièrement l'excellent, *Baudelaire, représentation et modernité*, de Gérald Froidevaux (José Corti, 1989), *L'homme de la rue. Essai sur la poétique baudelairienne,* de Michel Covin (L'Harmattan, 2000) et bien sûr, l'inépuisable *Baudelaire* de Walter Benjamin (édition établie par Giorgio Agamben, Barbara Chitussi et Clémens-Carl Härle, Paris La Fabrique, 2013). À consulter également : « "Le Cygne" de Baudelaire : douleur, souvenir, travail », par Victor Brombert (*Études baudelairiennes* III, Neuchâtel, La Baconnière, pp.254-261) ; « La rue et la symbolique politique : analyse sociologique et poétique du thème de la rue dans l'œuvre de Baudelaire », par Radu Anghel, dans *Le spectacle politique dans la rue du XVIe au XXIe siècle. Événements, rituels et récits,* sous la direction de Marie-France Wagner et Catherine Mavrikakis (Montréal, Lux éditeur, 2005, pp.199-206) ; « Sur quelques "poèmes parisiens" : Un Balzac pré-baudelairien, dans les *Œuvres diverses* de 1830 », par Renée de Smirnoff (*Littératures*, n°46, printemps 2002, pp.109-122) ; « Entre rue et boulevard : les chemins de l'allégorie chez Baudelaire », par Scott Carpenter (*Romantisme*, Armand Colin, n°134, 2006, pp.55-65) ; « Baudelaire et Maxime Du camp », par Yoshio Abe (*Revue d'histoire littéraire de la France*, n°2, 1967, pp.273-285) ; *Le poème en prose, généalogie d'un genre dans la première moitié du XIXe siècle*, de Nathalie Vincent-Munnia (Paris, Honoré Champion, 1996) et l'incontournable et passionnant, *La Poésie de Paris dans la littérature française de Rousseau à Baudelaire*, de Pierre Citron (Paris, Minuit, 1961).

En ce qui concerne le chapitre trois, je conseille les articles et ouvrages suivants :
La littérature & l'époque. Histoire de la littérature française de 1885 à nos jours, par Ernest Florian-Parmentier, Paris, éditions E. Figuière, sans date (1910 ? 1914 ?). Il présente les dizaines de mouvements littéraires – les *ismes* –, souvent dotés d'une revue, à la durée de vie variable, et d'un « Manifeste » qui fleurirent durant l'entre-deux-guerres (1870-1914). Il dénombre quarante « écoles » de 1885 à 1914. Indispensable.

Poésie et collectivité 1890-1914. Le Message social des Œuvres poétiques de l'Unanimisme et de l'Abbaye, par Gilbert Guisan (Lausanne, éditions des Trois collines et Paris, F. Monier, libraire, 1938). Puissante étude sur l'Abbaye de Créteil et les poètes qui s'y retrouvaient, comme René Arcos, Luc Durtain, Georges Chennevière, Jules Romains, Georges Duhamel et Charles Vidrac. C'est aussi un stimulant portrait d'une époque, les années 1905-1913 où les Universités populaires, l'Art Social, les nouvelles technologies communicationnelles, s'invitent dans l'art.

'Modernolatria' et 'Simultaneità'. Recherches sur deux tendances dans l'avant-garde en Italie et en France à la veille de la première guerre mondiale, par Pär Bergman (Svenska Bokforlaget/Bonniers, 1962). Cette thèse remarquablement documentée analyse le futurisme italien, et plus particulièrement l'œuvre de F.T. Marinetti, mais aussi ses sources, comme Whitman, Verhaeren, Romains, Adam, Mirbeau, Rosny, d'Annunzio... Une érudition envoûtante.

Devanciers du surréalisme. Les groupes d'avant-garde et le mouvement poétique 1912-1925, par Léon Somville, Genève, Librairie Droz, 1971. S'attarde sur l'intégralisme de A. Lacuzon ; l'impulsionnisme de Florian-Parmentier ; le dynamisme de A-M. Gossez ; le paroxysme de N. beaudouin ; le dramatisme de H-M. Barzun et le synchronisme de Marcello-Fabri. Particulièrement intéressant.

La crise des valeurs symbolistes indispensable. Vingt ans de poésies françaises 1895-1914, par Michel Decaudin, préface de Jean-Yves Debreuille, Paris, Honoré Champion, 2013.

Également ces textes plus spécialisés :

Sur Émile Verhaeren :

• *Un grand poète de la vie moderne Émile Verhaeren* (1855-1916), par Edmond Estève, Paris, Boivin, 1928.

• *Essai sur la poésie de Verhaeren. La Campagne. Les Villes. Le Jardin*, par Charles Brutsch, Strasbourg, Heitz et Cie éditeurs, 1929.

• « Émile Verhaeren – Poète de la ville », par Hans-Joachim Lope, dans *Émile Verhaeren*, sous la direction de Peter-Eckhard Knabe et Raymond Trousson (éditions de l'Université de Bruxelles, 1984, PP. 19-40).

• « L'espace poétique de la ville chez Émile Verhaeren et Mario de Andrade », par Rita Olivier-Godet, dans, *La Ville, exaltation et distanciation*, sous la direction de Anne-Marie Quint (Presses de la Sorbonne nouvelle, 1997, pp.57-82).

• *La vision citadine et sociale dans l'œuvre d'Émile Verhaeren*, par Eva-Karin Josefson, publié par Osten Sodergard (« Études Romanes de Lund », n°35), 1982.

• *Émile Verhaeren*, par Stefan Zweig, Paris, Mercure de France, 1910.
• *Émile Verhaeren*, présentation par Franz Hellens, collection « Poètes d'aujourd'hui », n°34, Paris, Pierre Seghers, 1959.

Sur Jules Romains :
• *Jules Romains. Sa vie, son œuvre*, par Madeleine Israël, Pars, éditions Kra, 1931.
• *Jules Romains et l'unanimisme*, par André Cuisenier, Paris, Flammarion, 1935.
• *Connaissance de Jules Romains*, par André Bourin, Paris, Flammarion, 1961.
• « Jules Romains et la ville », par Marcel Roncayolo, *Cahiers Jules Romains*, n°8, 1990, pp.33-56.
• « Jules Romains, "poète de la sociologie" », par Jacques Coenen-Huther (*Revue européenne des sciences sociales,* Genève, Librairie Droz, 2016, n°54-2, pp.251-276).

Sur l'Abbaye de Créteil
• *L'Abbaye de Créteil*, par Christian Sénéchal, Paris, Librairie André Delpeuch, 1930.
• *Les écrivains de l'Abbaye*. Georges Duhamel, Jules Romains, Charles Vildrac, René Arcos, Luc Durtain, Georges Chennevière, par Marie-Louise Bidal, Paris, Boivin, 1938

Sur Marinetti et le futurisme :
• *Marinetti*, par Giovanni Lista, collection « Poètes d'aujourd'hui », Paris, Seghers, 1976.
• Et l'ensemble des ouvrages de cet historien de la littérature et traducteur, à lire impérativement.
• « Les Futurismes », *Europe*, n°551 (mars 1975) et 552 (avril 1975)
• « "La ville qui monte", symbole du progrès dans quelques arts futuristes des années 1910-1930 », par Pierre-Albert Castanet, *L'Âge d'or. Images dans le monde ibérique et ibéricoaméricain*, (en ligne, httpp://journals.openedition.org/agedor/3408)
• *Valentine de Saint-Point. Des feux de l'avant-garde à l'appel de l'Orient*, sous la direction de Paul-André Claudel et Élodie Gaden, Rennes, PUR, 2019.

Sur Guillaume Apollinaire :
• *Guillaume Apollinaire le mal-aimé*, par Marcel Adéma, Paris, Plon, 1952.
• *Apollinaire par lui-même*, par Pascal Pia, collection « Écrivains de tou-

jours », Paris, Seuil, 1965.
• *Guillaume Apollinaire*, par André Billy et Henri Parisot, collection « Poètes d'aujourd'hui », Paris, Seghers, 1967.
• « À Paris sans plan avec Apollinaire », par Anu Maarit Saarelainen, dans, *L'identité zones d'ombres*, sous la direction de Cristina Bucica et Nicolas Simard (*Cahiers du CELAT*, 2002, Université de Laval, pp.203-220).
• « "Sous le pont Mirabeau coule la Seine...", Le secret de Guillaume Apollinaire », par Pierrette Micheloud (*Vie et langage*, Larousse, n°44, novembre 1955, pp.512-518).
• *Le dossier « Alcools »*, par Michel Decaudin, Genèvre, Droz et Paris, Minard, 1960.
• *« Zone » d'Apollinaire : Structure et confrontations* de Robert Couffignal, Paris, Archives des Lettres modernes n°118, 1970.
• « Aux origines du Simultanéisme et de la Modernité », par Sergio Zoppi, dans *Mélanges Decaudin. L'Esprit nouveau dans tous ses états* (Minard, 1986, pp.164-170).
• « Le paysage urbain, un espace de création poétique pour Apollinaire dans *Alcools* », par Luc Fraisse, dans, *Pays urbains de 1830 à nos* jours (Pessac, Presses universitaires de Bordeaux, 2004, pp.181-196).
• « Apollinaire et le désir de cinéma », par Francis Ramirez, *Les Cahiers de l'Association internationale des études françaises*, n°47, 1995, pp.371-389.

Du surréalisme à nos jours : Il va de soi qu'un tel intitulé exigerait l'établissement d'une bibliographie de plusieurs milliers de titres, aussi, je ne signale, que ce que j'ai mobilisé pour cet essai, ne mentionnant pas les biographies des principaux surréalistes, leurs correspondances et leurs propres recueils, romans et essais... Quant aux poètes non apparentés aux surréalistes, ils sont légion et là aussi, leurs œuvres et celles de leurs commentateurs ne peuvent être mentionnées ici...

Néanmoins, j'indique ces quelques références :

• *Paris des surréalistes*, de Marie-Claire Bancquart, Paris, Seghers, 1973, réédition, La Différence, 2004.
• « Le Paris insolite de Philippe Soupault », par Marie-José Hoyet Masigli (*Cahiers Philippe Soupault*, n°3, Agen, 2000, pp.209-218).
• « Corps de la ville, corps du cosmos dans l'itinéraire moniste d'André Breton », par Yves Le Gars (*Cahiers du XX*[e] *0*, n°2, 1974, pp.97-108).
• « Le quotidien et la rue, ou comment la nouvelle poésie a battu le pavé parisien (Réda vs Roubaud) », par Derek Schilling (*Contemporary French Civilization*, 2011, vol. XXXV ; n°3, University of Illinois, pp.47-63).
• « Le poète et la Ville : Guillevic », par Jean Onimus (*Littérature et Société. Recueil d'études en l'honneur de Bertrand Guyon*, Desclée de Brouwer,

1973, pp.371-393).
• *Les poètes et la ville. Une anthologie*, Avant-propos de Jacques Réda, Paris, Gallimard, 2006.
• *Dromomanies*, de Joël Cornuault, Saint-Pourçain-sur-Sioule, éditions Bleu autour, 2018, nous entraine sur les pas d'André Breton, Jules Romains, mais aussi ceux de l'auteur qui défend « la ville de piétons », à lire du même auteur, *Le sentiment des rues*, Le Temps qu'il fait, 2017.
• *Poésie directe*, de Jean-Jacques Lebel et Arnaud Labelle-Rojoux, Paris, Opus International Édition, 1994.
• *Beat Generation. L'inservitude volontaire*, sous la direction de Olivier Penot-Lacassagne, Paris, CNRS-éditions, 2018.
• *Beat Attitude. Femmes poètes de la Beat Genration*, anthologie établie par Annalisa Mari Pegrum et Sébastien Gavignet, Paris, éditions Bruno Doucey, 2018.

Pour le chapitre quatre, je me suis surtout inspiré d'une discographie de rap et de slam. J'ai également beaucoup appris des ouvrages suivants :

• *Le rap ou la fureur de dire*, de Georges Lapassade et Philippe Rousselot, Paris, Louis Talmart, 1990. Excellente introduction au rap américain. Je leur emprunte la traduction du refrain de *The Message*.
• *Le rap. Une esthétique hors la loi*, de Christian Béthune, Paris, Autrement, deuxième édition revue, 2003 ;
• *Voix du rap. Essai de sociologie de l'action musicale*, d'Anthony Pecqueux, Paris, L'Harmattan, 2007.
• *Une histoire du rap en France*, par Karim Hammou, Paris, La Découverte, 2012.
• *Slam. Des origines aux horizons*, sous la direction de Camille Vorger, Lausanne, éditions d'en bas, 2015.
• « De slam en chanson. Entretien avec Frédéric Nevchehirlian », par Camille Vorger, *Études de lettres*, 15 septembre 2016, pp.19-36, https://doi.org/10.4000/edl.1187
• *Rap français. Une exploration en 100 albums*, par Mehdi Maizi, Marseille, Le Mot et le Reste, nouvelle édition, 2016.
• *Slam une poétique. De Grand Corps Malade à Boutchou*, par Camille Vorger, Paris, Les Belles Lettres, Valenciennes, Presses universitaires de Valenciennes, 2016.
• *40 ans de musiques hip-hop en France*, par Marie Sonnette et Karim Hammou, Paris, Presses de Sciences Po, 2022.
• *La gloire du rap. Les derniers seront les premiers*, de Bénédicte Delorme-Montini, Paris, Gallimard, 2023.

J'ai aussi puisé informations et réflexions dans ces différents articles :

• « Rap et politique », par Vincent Fayolle et Adeline Masson-Floch, Mots. Les langages du politique, ENS, 2002 (en ligne, https//doi.org/10.4000/mots/9533)

• « Slam, un art poétique », par Catherine Peillon, *La Pensée de midi*, Paris, Actes Sud, 2007, n°20, pp.176-181.

• « Rap domestiqués, rap révolté », par Jacques Denis, *Le Monde diplomatique*, septembre 2008, p.31.

• « Entretien avec Grand corps malade, slameur », par Sylvia Zappi, *Mouvements*, n°57, Paris, La Découverte, 2009, pp.67-70.

• « Slam, rap et "mondialité" », par Véronique Petetin, *Études*, n°6, tome 410, 2009, pp.797-808.

• « Sur les traces du rap », par Christian Béthune, *Poétique*, n°166, Paris, Seuil, 2011, pp.185-201.

• « La ville sous les haut-parleurs ou le rap comme critique urbanistique et paysager », par Simon Koci, *Environnement Urbain/Urban Environment*, vol. 8, 2014 : http://journals.open2edition.org/eue/231

• « Des mises en scène du "nous' contre le "eux" dans le rap français. De la critique de la domination postcoloniale à une possible critique de la domination de classe », par Marie Sonnette-Manouguian, *Sociologie de l'art*, n°1 (opus 23 & 24), Paris, L'Harmattan, 2015, pp.153-177.

• « Les écrits en scène. Le slam, au carrefour du corps et du langage », par Olivia Lempen, *Cliniques*, n°12, Toulouse, éditions Érès, 2016, pp.112-126.

• « Rap en France et socialisation », par Karim Hammou et Patrick Simon, *Mouvements*, n°96, Paris, La Découverte, 2018, pp.29-35.

• « De la subversion sociale et politique dans le rap français contemporain », par Louis Jesu, *Mouvements*, n°96, Paris, LaDécouverte, 2018, pp.43-53.

• « La résonnance du discours politique dans le rap américain », par David Diallo, *Mouvements*, n°96, Paris, La Découverte, 2018, pp.73-81.

• « Du "bon" et du "mauvais" rap ? Les processus médiatiques de hiérarchisation artistique », par Marion Dalibert, *Volume ! La revue des musiques populaires*, 2020, pp.83-97.

Le innombrables sites consacrés au rap et au slam et les sites des rappeurs, rappeuses, slameurs et slameuses...

Deux revues numériques : *Ballast* et *Madame Rap* (fondée en août 2015 par Eloïse Bouton, dédiée aux femmes et aux LGBT dans le hip hop).

Les recueils des poètes cités sont tous disponibles en librairie, souvent dans des éditions au format « poche », je ne les indique pas ici.

DU MÊME AUTEUR

- *Les Faiseurs de nuages, essai sur la genèse des marxismes français, 1880-1914*, Paris, Le Sycomore, 1980.
- *Habiter l'utopie. Le Familistère Godin à Guise*, sous la direction de Thierry Paquot, Paris, Les éditions de La Villette, 1981, 1998, nouvelle édition, avec Marc Bedarida, 2005.
- *La Décomposition du marxisme et autres essais* (anthologie de textes de Georges Sorel, choisis et présentés par), Paris, PUF, 1982.
- *Les Nobel de l'économie*, collection « Repères », La Découverte, 1985, hors commerce.
- *Lire Braudel*, sous la direction de Thierry Paquot, Paris, La Découverte, 1988.
- *Les Passions Le Corbusier*, sous la direction de Thierry Paquot, Paris, Les éditions de La Villette, 1989.
- *Homo urbanus. Essai sur l'urbanisation. Des mœurs et du monde*, Paris, Le Félin, 1990.
- *Bibliothèque des Deux-Rives ou la Méditerranée en livres*, sous la direction de Thierry Paquot, Paris, Lieu Commun, 1992.
- *Villes et civilisation urbaine, XVIIIe-XXe siècle*, avec Marcel Roncayolo, collection « Textes Essentiels », Paris, Larousse, 1992.
- *Mémoire d'un faiseur de livres*, entretien et correspondance avec Henri Desroche, Paris, Lieu Commun, 1992.
- *Vive la ville !* Paris, arléa-corlet, 1994.
- *Rêver demain. Utopie-science-fiction-cités idéales*, avec Laurent Gervereau et Yolène Dilas-Rocherieux, Paris, Éditions Alternatives, 1994.
- *Le Monde des villes. Panorama urbain de la planète*, sous la direction de Thierry Paquot, Paris, Complexe, 1996.
- *Un anthropologue dans le siècle*, mémoires de Paul-Henry Chombart de Lauwe, Paris, Descartes & Cie, 1996.
- *L'utopie ou l'idéal piégé,* Paris, Hatier, 1996.
- *L'Art de la sieste*, Paris, Zulma, 1998 et 2008, édition augmentée.
- *Éthique, architecture, urbain*, sous la direction de Thierry Paquot et Chris Younès, Paris, La Découverte, 2000.
- *La ville et l'urbain, l'état des savoirs* (sous la direction de et avec la collaboration de Michel Lussault et Sophie Body-Gendrot), Paris, La Découverte, 2000.
- *Le Quotidien urbain. Essais sur les temps des villes*, sous la direction de Thierry Paquot, Préface d'Edmond Hervé, Paris, La Découverte, 2001.
- *Philosophie, ville et architecture. La renaissance des quatre éléments*, sous la direction de Chris Younès et Thierry Paquot, Paris, La Découverte, 2002.
- *Le Toit, seuil du cosmos*, Paris, Éditions Alternatives, Paris, 2003.
- *L'Urbain et ses imaginaires*, sous la direction de Thierry Paquot et Patrick Baudry, Talence, MSHA, 2003.
- *Géométrie, mesure du monde*, sous la direction de Thierry Paquot et Chris Younès, Paris, La Découverte, 2004.
- *Les Agences d'urbanisme. Repères et témoignages*, avec Bernard Écrement et

Laurent Coudroy de Lille, Paris, CDU, 2004.
• *Inde, côté villes*, Paris, L'Harmattan, 2004.
• *La ville au cinéma, encyclopédie*, sous la direction de Thierry Paquot et Thierry Jousse, Paris, Les Cahiers du Cinéma, 2005.
• *Demeure terrestre, enquête vagabonde sur l'« habiter »* Paris, Les éditions de l'Imprimeur, 2005.
• *Éloge du luxe. De l'utilité de l'inutile*, Paris, Bourin-éditeur, 2005, Marabout, 2006.
• *Des corps urbains. Sensibilités entre béton et bitume*, Paris, Autrement, 2006.
• *Terre urbaine. Cinq défis pour le devenir urbain de la planète*, Paris, La Découverte, 2006, nouvelle édition avec une Préface inédite, 2016.
• *Habiter le propre de l'humain*, sous la direction de Thierry Paquot, Michel Lussault et Chris Younès, Paris, La Découverte, 2007.
• *Petit Manifeste pour une écologie existentielle*, Paris, Bourin-éditeur, 2007.
• *Utopies et utopistes*, collection « Repères », Paris, La Découverte, 2007, nouvelle édition revue et augmentée, 2018.
• *La Troisième rive*, mémoires d'Ignacy Sachs, Paris, Bourin-éditeur, 2008.
• *Le Corbusier voyageur*, sous la direction de Thierry Paquot et Pierre Gras, Paris, L'Harmattan, 2008.
• *Banlieues. Une anthologie*, présentée et préparée par Thierry Paquot, avec une bibliographie et une filmographie commentée, Lausanne, Presses polytechniques et universitaires romandes, 2008.
• *Conversations sur la ville et l'urbain (79 personnalités répondent)*, avec Corinne Martin, Gollion (CH), Infolio, 2008.
• *La Folie des hauteurs. Pourquoi s'obstiner à construire des tours ?* Paris, Bourin-éditeur, 2008.
• *Ghettos de riches. Petit tour du monde des enclaves résidentielles sécurisées*, sous la direction de Thierry Paquot, Paris, Perrin, 2009.
• *L'Espace public*, collection « Repères », Paris, La Découverte, 2009, édition revue et augmentée, 2015 et nouvelle édition, 2024.
• *Le Territoire des philosophes*, sous la direction de Thierry Paquot et Chris Younès, Paris, La Découverte, 2009.
• *L'Urbanisme c'est notre affaire !* Nantes, L'Atalante, 2010.
• *Dictionnaire des citations philosophiques*, avec François Pépin, Paris, Larousse, 2010.
• *Philosophie de l'environnement et milieu(x) urbain(s)*, sous la direction de Thierry Paquot et Chris Younès, Paris, La Découverte, 2010.
• *Les faiseurs de ville, 1850-1950*, sous la direction de Thierry Paquot, Gollion (CH), Infolio, 2010.
• *Un Philosophe en ville*, Gollion (CH), Infolio, 2011, nouvelle édition augmentée, 2016.
• *Dictionnaire des notions philosophiques*, avec François Pépin, Paris, Larousse, 2011.
• *tes-vous fort en philosophie ?* Paris, Larousse, 2011.
• *L'Ami-livre. Confidences d'un bouquinomane*, Vichy, La Brèche, 2011.
• *Alter-architectures. Manifesto*, sous la direction de Thierry Paquot, Yvette Masson-Zanussi et Marco Stathopoulos, Milan Eterotopia et Gollion (CH) Infolio, 2012.
• *Espace et lieu dans la pensée occidentale de Platon à Nietzsche*, sous la direction de

Thierry Paquot et Chris Younès, Paris, La Découverte, 2012.
• *Introduction à Ivan Illich*, collection « Repères », Paris, La Découverte, 2012.
• *Repenser l'urbanisme*, sous la direction de Thierry Paquot, Gollion (CH), Infolio, 2013, nouvelle édition augmentée, 2017.
• *Simone et Lucien*, dans *Simone & Lucien Kroll, une architecture habitée*, sous la direction de Patrick Bouchain, Paris, Actes Sud, 2013.
• *Les 100 mots de la ville,* avec Julien Damon, collection « Que sais-je ? », Paris, PUF, 2014, nouvelle édition revue, 2021.
• *Le Voyage contre le tourisme*, Préface de Marc Augé, Paris, Eterotopia/France, 2014, seconde édition revue et augmentée, 2019.
• *Ville, architecture et communication*, sous la direction de Thierry Paquot, collection : « Les essentiels d'*Hermès* », Paris, CNRS-éditions, 2014.
• *Renverser nos manières de penser.* Métanoïa *pour le temps présent*, par Serge Latouche, entretiens avec Daniele Pepino, Thierry Paquot, Didier Harpagès, Préface de Thierry Paquot, Paris, Mille et une nuits, 2014.
• *Au Bonheur des titres*, Gollion, Infolio, 2015.
• *La ville récréative. Enfants joueurs et villes buissonnières*, sous la direction de Thierry Paquot, Gollion (CH), Infolio, 2015.
• *Désastres urbains. Les villes meurent aussi*, Paris, La Découverte, 2015, nouvelle édition revue et augmentée, 2019.
• *Lewis Mumford, pour une juste plénitude*, coll. « Les précurseurs de la décroissance », Neuvy-en-Champagne, Le Passager Clandestin, 2015.
• *Les Situationnistes en ville*, sous la direction de Thierry Paquot, Golion (CH), Infolio, 2015.
• *Géopoétique de l'eau. Hommage à Bachelard*, Paris, Eterotopia/France, 2016.
• *En quête du dimanche*, sous la direction de Nathalie Lemarchand, Sandra Mallet et Thierry Paquot, Gollion (CH), Infolio, 2016.
• *Lettres à Thomas More sur son utopie (et celles qui nous manquent)*, Paris, La Découverte, 2016.
• *Ivan Illich, l'alchimiste des possibles*, sous la direction de Thierry Paquot et Martin Fortier, Paris, Lemieux-éditeur, 2016.
• *Flâner à Paris. Petite anthologie littéraire du XIXe siècle*, Gollion (CH), Infolio, 2016.
• *Le paysage*, coll. « Repères », La Découverte, 2016.
• *La Folie des hauteurs. Critique du gratte-ciel*, nouvelle édition augmentée, Gollion (CH), Infolio, 2017.
• *Le Dicorue. Vocabulaire ordinaire et extraordinaire des lieux urbains,* Paris, CNRS-éditions, 2017.
• *Ivan Illich & le société conviviale*, coll. « Les précurseurs de la décroissance », Paris, Le Passager clandestin, 2019, seconde édition augmentée, 2020, troisième édition revue, 2024.
• *Préserver les solitudes. Parcs et forêts de l'Ouest sauvage*, de John Muir, édition et commentaire de Thierry Paquot, Traduction de Martin Paquot, Paris, PUF, 2020.
• *Mesure et démesure des villes*, Paris, CNRS-éditions, 2020, réédition actualisée en format « poche », 2024 avec une Préface inédite.
• *Demeure terrestre. Enquête vagabonde sur l'habiter*, nouvelle édition entièrement

revue et augmentée, Saint-Mandé, éditions Terre urbaine, 2020.
• *Villes voraces et villes frugales. Agriculture urbaine et autonomie alimentaire*, sous la direction de Gilles Fumey et Thierry Paquot, Paris, CNRS-éditions, 2020.
• *James Graham Ballard & le cauchemar consumériste,* coll. « Les précurseurs de la décroissance », Paris, Le Passager clandestin, 2021.
• *Écologie des territoires. Transition et biorégions*, sous la direction de Thierry Paquot, Saint-Mandé, éditions Terre urbaine, 2021.
• *Pays de l'enfance*, Vincennes, éditions Terre urbaine, 2022.
• *Les Bidonvilles*, collection « Repères », Paris, La Découverte, 2022.
• *Rachel Carson. Pour la beauté du monde,* Paris, Calype, 2023.
• *Histoire naturelle de l'urbanisation*, de Lewis Mumford, édition et commentaire de Thierry Paquot, traduction de Martin Paquot, Paris, PUF, 2023.

Dernières parutions
aux éditions **ETEROTOPIA** FRANCE

collection rhizome

• **Karl Marx, Michael Löwy, Pier Paolo Poggio, Maximilien Rubel**

LE DERNIER MARX, COMMUNISME EN DEVENIR

• **Tiziana Villani**

CORPS MUTANTS

TECHNOLOGIES DE LA SÉLECTION DE L'HUMAIN ET DU VIVANT

• **Stefan Kipfer**

LE TEMPS ET L'ESPACE DE LA (DÉ)COLONISATION

DIALOGUE ENTRE FRANTZ FANON ET HENRI LEFEBVRE

• **Alexander Langer**

ÉCOLOGIE ET LIBERTÉ

DU MOUVEMENT VERT À LA GUERRE EN BOSNIE

avec une préface de Erri De Luca

• **Henri Lefebvre**

ÉLEMENTS DE RHYTHMANALYSE ET AUTRES ESSAIS SUR LES TEMPORALITÉS

avec l'avant-propos de Claire Revol
et la postface de Thierry Paquot

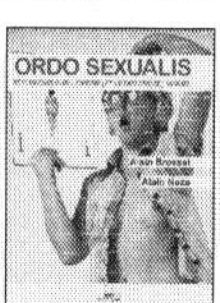

• **Alain Brossat et Alain Naze**

ORDO SEXUALIS

RÉFLEXIONS SUR L'ORDRE (ET LE DÉSORDRE) SEXUEL

• **Colin Ward**

L'ENFANT DANS LA VILLE

avec la préface de Thierry Paquot
et la postface de Alessio Kolioulis

• **Günther Anders**

L'ARTIFICE HUMAIN
POUR UNE ANTHROPOLOGIE « NÉGATIVE »
avec la préface de Ubaldo Fadini

• **Alexandra Kollontaï, Asja Lacis, Rosa Luxemburg, Clara Zetkin**

FEMMES, CORPS ET RÉVOLUTION
avec la préface de Tiziana Villani

• **Raniero Panzieri**

LE MARXISME COMME EXPÉRIENCE
ÉCRITS DE RANIERO PANZIERI
SUIVI D'UN TEXTE DE DANILO MONTALDI
avec la préface de Ubaldo Fadini

• **Kostas Papaïoannou**

LA MASSE ET L'HISTOIRE
THÉORIE GÉNÉRALE DE LA MASSE RÉVOLUTIONNAIRE
avec la préface de Benakis Matsas

• **Alain Brossat et Alain Naze**

LA POLICE DE MŒURS
MALAISE DANS LA MORALE SEXUELLE

• **Gloria Evangelina Anzaldúa, Paula Gunn Allen et Audre Lorde**
Préface de Lorena Carbonara

FEMMES, RACE ET DÉCOLONISATION

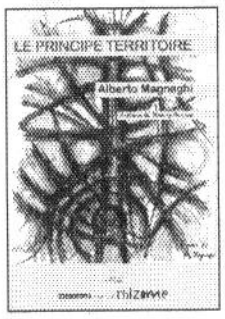

• **Alberto Magnaghi**

LE PRINCIPE TERRITOIRE
avec une préface de Thierry Paquot

• **Karl Korsh, Paul Mattick, Otto Rühle, Helmut Wagner**

COMMUNISTES DE CONSEILS
CONTRE LE CAPITALISME D'ÉTAT
avec la préface de Benakis Matsas

• **Giorgio Passerone**

ARTISANAT ET COMBAT
ACTES DE CRÉATIONS ET NOUVELLES MILITANCES

rhizome

www.eterotopiafrance.com

Dépôt légal : Octobre 2023

Achevé d'imprimer par l'imprimerie :
Universal Book Srl
Contrada Cutura, 236 - 87036 Rende (CS) - Italie
Tel. **+39 0984 408929**
www.universalbooksrl.com